www.tredition.de

AF161985

Liebe und Rivalität unter Geschwistern

HANDBUCH

Was Eltern tun können,
um die Geschwisterbeziehung
zu stärken

© 2020 Martina Stotz Waldmann

Herausgeber: ElternLeben.de
Buchsatz und Layout: Online-Buchsatz von tredition

Verlag & Druck: tredition GmbH, Halenreie 40-44, 22359 Hamburg

ISBN
Paperback: 978-3-347-02385-7
Hardcover: 978-3-347-02386-4
E-Book: 978-3-347-02387-1

Das Werk, einschließlich seiner Teile, ist urheberrechtlich geschützt. Jede Verwertung ist ohne Zustimmung des Verlages und des Autors unzulässig. Dies gilt insbesondere für die elektronische oder sonstige Vervielfältigung, Übersetzung, Verbreitung und öffentliche Zugänglichmachung

ÜBER ELTERNLEBEN.DE

ElternLeben.de ist ein digitales Angebot für alle Mütter und Väter. Die Online-Plattform begleitet Eltern in den verschiedenen Phasen von der Schwangerschaft bis zum Teenageralter ihrer Kinder. Sie bietet einen großen **Wissens-Bereich** („Elternwissen"), der Artikel, Tipps, Interviews, Videos und vieles mehr verfügbar macht. Diese Inhalte werden von Experten aus unterschiedlichen Fachrichtungen verfasst. Hier fließt Expertise und Erfahrungswissen zusammen. In der **Online-Beratung** werden Eltern zu allen Eltern-Themen von Fachleuten schnell und professionell beraten. Der Bereich **Angebote vor Ort** verbindet Eltern mit lokalen Angeboten (Kurse, Beratung etc.) ganz in ihrer Nähe. Eine **Community** und der Aufbau des Bereichs **Häufig gestellte Elternfragen** runden das Gesamtangebot der Plattform ab. **www.elternleben.de** ist ein digitales Angebot der gemeinnützigen wellcome gGmbH mit Hauptsitz in Hamburg. Der Erlös der Handbücher kommt ausnahmslos der gemeinnützigen Arbeit zugute.

ÜBER DIE AUTORIN

Dr. Martina Stotz Waldmann ist auf ElternLeben.de Expertin rund um **schulische Probleme und familiäre Herausforderungen** und berät zu diesen Themen in unserer Online-Beratung. Darüber hinaus schreibt sie Inhalte für unseren **Wissens-Bereich** („Elternwissen"). Sie ist Doktorin der Familienpsychologie und Expertin bei allen Geschwister- sowie Partnerschaftsthemen. Im Bereich der Schulpsychologie berät sie bei ADHS/ADS, Schul- und Prüfungsangst, Konzentrations- und Motivationsproblemen, LRS und Verhaltensauffälligkeiten. Sie hält Erziehungskurse und Vorträge für Eltern sowie Fortbildungen für Pädagogen in München (Thema: „Achtsame Kommunikation mit Kindern"). Auf ihrem Blog „Mein Erziehungsratgeber", Instagram und YouTube berichtet sie zu ihren Herzensthemen und bietet telefonische Einzelberatung an Ihre Vision ist es, dass Familien und Pädagogen in unserer Gesellschaft mehr Unterstützung bekommen, damit Kinder gewaltfrei und emotional gesund heranwachsen können. „In jedem Konflikt steckt eine große Chance, sich positiv weiterzuentwickeln!"

LIEBE UND RIVALITÄT UNTER GESCHWISTERN – WAS ELTERN TUN KÖNNEN, UM DIE GESCHWISTERBEZIEHUNG ZU STÄRKEN

Inhaltsverzeichnis

Einleitung 8

1. Kapitel – Die Bedeutung von Geschwisterbeziehungen 9

2. Kapitel – Besonderheiten von Geschwisterbeziehungen ... 13

3. Kapitel – Welche Rolle spielt der Altersabstand? 22

4. Kapitel – Geschwisterstreit 43

5. Kapitel – Lieblingskind oder schwarzes Schaf? 53

6. Kapitel – Ein Geschwisterchen kommt? 71

7. Kapitel – Zehn hilfreiche Regeln für den Alltag mit Geschwistern... 81

EINLEITUNG

Liebe Eltern,

Die Eltern-Kind-Beziehung ist für die Persönlichkeitsentwicklung ganz besonders wichtig. Auch das Familienklima, die Partnerschaft und das Wohlbefinden der Eltern spielen dabei eine wesentliche Rolle. Maßgeblich ist allerdings auch die Geschwisterbeziehung für die Entwicklung der einzelnen Kinder. Obwohl diese in Forschungsarbeiten sehr lange vernachlässigt wurde, ist die herausragende Bedeutung dieser besonderen Beziehung heute völlig klar.

Warum Geschwister so wichtig sind und was Eltern tun können, damit sie eine liebevolle und innige Beziehung zueinander aufbauen, war Schwerpunkt meiner jahrelangen Forschungsarbeiten.

In diesem Handbuch bekommt ihr einen Überblick über die herausragende Bedeutung von Geschwisterbeziehungen und bestimmten Geschwisterkonstellationen. Darüber hinaus erhaltet ihr viele praktische Hinweise, wie Eltern individuell auf ihre Geschwisterkinder eingehen können, damit sich kein Kind dauerhaft benachteiligt fühlt.

Dein ElternLeben.de-Team

1. KAPITEL – DIE BEDEUTUNG VON GESCHWISTERBEZIEHUNGEN

Die Geschwisterbeziehung ist die längste zwischenmenschliche Bindung im Lebenslauf eines Menschen. Geschwister können sich gegenseitig nicht aussuchen oder ihre Verbindung durch einen Kontaktabbruch beenden. Ein gegenseitiges Verantwortungsgefühl entsteht durch die gemeinsame Familie und Kindheit. Sie verstehen sich häufig blind, teilen gemeinsame Geheimnisse und Erinnerungen und sind durch ein unsichtbares Band miteinander verbunden.

Geschwister leben mit gemeinsamen familiären Werten, Erfahrungen und Traditionen. Sie verbringen in ihrer Kindheit mehr Zeit miteinander als mit anderen Familienmitgliedern.

Des Weiteren machen sie wichtige Grunderfahrungen für spätere soziale Beziehungen und lernen sich dabei selbst und gegenseitig besser kennen. Durch ihre Geschwister erfahren Kinder die gesamte Bandbreite an Gefühlen und spüren ihre eigenen Bedürfnisse sowie Bedürfnisse des Gegenübers. Darüber lernen Kinder eine andere Perspektive einzunehmen, Empathie aufzubauen und Verantwortung für sich und andere zu übernehmen.

Sie lernen Konflikte auszutragen, miteinander zu kooperieren und Gefühle zu regulieren. Besonders wichtig dabei ist die Erfahrung, dass Konflikte zum Familienleben dazu gehören und deswegen keine Beziehung grundlegend erschüttert werden muss.

Ohne Angst vor Verlust und Strafe können Kinder durch ihre Geschwisterbeziehung Experimente im Sozialverhalten durchführen und darüber dazulernen. Geschwister finden ineinander intuitiv bessere Lehrer als in Erwachsenen. Sie orientieren sich auch bei ihrer körperlich-motorischen Entwicklung sowie sprachlichen Fortschritten aneinander.

So übernehmen jüngere Geschwister beispielsweise komplette Satzgebilde und Redewendungen und gleichen ihre Satzmelodie an. Auch ahmen sie ihre Geschwister beim Spielen nach, wodurch in einer völlig natürlichen Situation ein hoher Lernzuwachs entsteht. Das Wohlbefinden von Kindern und deren kognitive und psychosoziale Entwicklung wird somit maßgeblich von Erfahrungen in der Geschwisterbeziehung beeinflusst.

Die Verbundenheit untereinander kann Kinder sogar stark für kritische Lebensereignisse machen. So bewältigen Geschwisterkinder beispielsweise eine Scheidung oder Trennung häufig besser als Einzelkinder. Sie erleben sich mit einer gleichberechtigten Person in der Familie verbunden und sicher. Erfahrungen von Zusammenhalt und Gemeinsamkeit beeinflussen dabei das kindliche Selbstvertrauen und das Vertrauen in das Leben positiv.

ELTERN BEEINFLUSSEN DIE QUALITÄT DER GESCHWISTERBEZIEHUNG

Die Geschlechterkonstellation, der Geburtsrang, der Altersabstand und auch die Anzahl der Kinder beeinflussen die Qualität der Kinder untereinander. Ob sich Geschwisterbeziehungen positiv oder negativ im Lebenslauf entwickeln, hängt allerdings noch stärker davon ab, wie Eltern mit ihren Kindern umgehen. Sie können dabei unterstützen, eine liebevolle Beziehung zueinander aufzubauen, die ihnen Sicherheit und Halt in jeder Lebensphase gibt – auch über den Tod der Eltern hinaus.

Im Gegensatz dazu kann eine Geschwisterbeziehung auch sehr belastend für die Entwicklung sein. Zu viel Macht, Rivalität und Neid können Geschwister entzweien und viele negative Gefühle auslösen, die das Selbstbild nachhaltig beschädigen. Wenn Eltern ein Kind unbewusst oder bewusst benachteiligen kann dies zu Feindseligkeit, Depression, Aggression oder psychosomatischen Krankheiten führen. Eine negativ belastete Geschwisterbeziehung wirkt sich dann auch auf die Beziehung des Paares untereinander und zu den eigenen Kindern aus. Muster der Geschwisterbeziehung werden in diesen Fällen unbewusst auf den Partner oder auf die eigenen Kinder übertragen.

Jedes Kind bringt durch genetische Anlagen seine ganz besonderen Charaktereigenschaften mit auf diese Welt. Eltern haben nun die verantwortungsvolle Aufgabe, bei der freien Entfaltung dieser Persönlichkeit zu begleiten. Dabei können Eltern ihren Kindern immer wieder Erfahrungen ermöglichen, an denen sie wachsen dürfen. Da Geschwister so unterschiedlich sind und jedes Kind andere Gefühle in Eltern auslöst, kann dies sehr herausfordernd sein.

✓ **Folgende Entwicklungsaufgaben können durch eine Geschwisterbeziehung unterstützt werden:**

- Konfliktbewältigung
- Gefühle kennenlernen und regulieren
- Eigene Bedürfnisse kennenlernen
- Durchsetzungsfähigkeit und Wetteifer
- Vernunft
- Verantwortungsbewusstsein
- Empathie und Perspektivenübernahme
- Verhalten, um eigene Bedürfnisse zu befriedigen
- Förderung der sprachlichen Entwicklung
- Förderung der emotional-sozialen Entwicklung

2. KAPITEL – BESONDERHEITEN VON GESCHWISTERBEZIEHUNGEN

Die Geschwisterbeziehung ist sehr facettenreich. Einerseits empfinden viele Geschwister eine innige Verbundenheit. Andererseits stehen Geschwister in Konkurrenz zueinander und haben das Bedürfnis, ihren Platz in der Familie einzunehmen. Dadurch spielt auch Macht und Status bei Geschwistern eine entscheidende Rolle. Die Gefühle Hass und Liebe liegen sehr eng beieinander und die gesamte Bandbreite von Gefühlen findet in Geschwisterbeziehungen ihren Platz.

NÄHE

NÄHE IN DER FRÜHEN KINDHEIT

Ein Erstgeborenes erlebt durch die Geburt eines zweiten Kindes eine „Entthronung", weshalb Eltern einfühlsam auf diese Situation vorbereiten und nach der Geburt des Babys reflektiert damit umgehen sollten Durch einfühlsames Verhalten der Eltern, lernt das Erstgeborene sein Geschwisterchen als Teil seiner Familie zu akzeptieren, was sich in fürsorglichem und beschützendem Verhalten zeigt. Das Zweitgeborene hingegen sieht sein älteres Geschwister als Vorbild und versucht, es zunächst nachzuahmen. Vor allem im Kleinkindalter sind jüngere Geschwister sehr anhänglich gegenüber ihren älteren Geschwistern. Zweitgeborene zeigen sich in fremden Situationen selbstbewusster, explorativer und angstfreier, wenn das ältere Geschwister in der Nähe ist. Wie viel Geborgenheit sich in der Geschwisterbeziehung entwickelt, hängt auch mit der Bindungsqualität zwischen Eltern und Kindern zusammen. Ergebnisse der Bindungsforschung zeigen, dass sicher gebundene Geschwisterkinder fürsorglicher miteinander umgehen als unsicher gebundene Kinder.

NÄHE IN DER MITTLEREN KINDHEIT UND IM JUGENDALTER

Mit zunehmendem Alter grenzen sich Geschwister voneinander ab, um ihre eigene Identität zu entwickeln. Ganz besonders im Jugendalter distanzieren sich Kinder häufig von ihren Geschwistern und ihrer Herkunftsfamilie. Wichtiger für die Entwicklung werden dann Freundschaften bzw. die sogenannte Peergroup und Liebesbeziehungen. Der Kontakt zu Geschwistern wird dann zwar häufig weniger intensiv, was allerdings nicht zu weniger emotionaler Verbundenheit unter Geschwistern führen muss. Immer wieder sind Geschwisterbeziehungen sogar gerade im Jugendalter eine besondere Stütze, weil Eltern in dieser Phase als Ansprechpartner seltener in Frage kommen. In dieser Phase wird in der Fachsprache von Identifikationsprozessen gesprochen, die wichtig dafür sind, dass Kinder zu ihrer eigenen Identität finden. Diese Prozesse sind notwendig, um die Persönlichkeit frei entfalten zu können. Geschwister vergleichen sich dauerhaft miteinander, da sie sich in der Familie am ähnlichsten sind. Es liegt in der Natur des Menschen, sich immer mit dem Ähnlichsten in einem System zu vergleichen. Umso ähnlicher sich also Geschwister sind, desto mehr neigen sie dazu, sich miteinander zu vergleichen.

BEISPIEL:

Mädchen mit niedrigem Altersabstand vergleichen sich beispielsweise mehr miteinander als Mädchen und Jungen mit höherem Altersabstand. Kein Geschwisterpaar steht also so stark miteinander im Vergleich wie eineiige Zwillinge. Warum Geschwister oft so unterschiedlich sind, obwohl sie in der gleichen Familie aufwachsen, hängt also auch mit der Rivalität unter Geschwistern zusammen. Sie grenzen sich deswegen ganz bewusst voneinander ab und entwickeln sich völlig unterschiedlich, obwohl sie in der gleichen Familie aufwachsen.

NÄHE IM ERWACHSENENALTER

Wie sich die Geschwisterbeziehung im Erwachsenenalter entwickelt, ist von vielen Faktoren abhängig. Gemeinsamkeiten wie Gleichgeschlechtlichkeit, gemeinsame Interessen sowie Leidenschaften, Kinder und Wohnortnähe begünstigen einen engen Kontakt. Eine besondere Bedeutung hat darüber hinaus die Berufsbelastung und Partnerwahl. Häufig entwickelt sich wieder eine intensivere Beziehung, wenn sichere Partnerschaften eingegangen und Familien gegründet wurden.

Ganz besonders verstärkt wird der Kontakt dann wieder, wenn gemeinsame Aufgaben zu bewältigen sind, wie die Betreuung der pflegebedürftigen Eltern. Diese Phase des späten Erwachsenenalters birgt andererseits zahlreiche Risiken. Gerade wenn es um die gleichberechtigte Pflege der Eltern oder – nach dem Tod der Eltern – um das Erbe geht, können Konflikte entstehen, die unüberwindlich sind.

MACHT

MACHT UND STATUS IN GESCHWISTERBEZIEHUNGEN

Völlig natürliche menschliche Grundbedürfnisse wie Akzeptanz, Kompetenz, Anerkennung und Sicherheit führen dazu, dass Kinder in einer Geschwisterbeziehung nach Macht und Status streben. Sie wollen ihren Raum in der Familie haben und von ihren Eltern als besondere Persönlichkeiten gesehen werden.

Jedes Kind strebt zunächst intuitiv danach, seine ganz besonderen Talente und Eigenschaften auszuleben. Jedes Kind in der Familie und im Bekanntenkreis möchte sich bedeutend, wichtig und gebraucht fühlen. Je größer der Altersabstand zwischen den Geschwistern ist, desto mächtiger und im Besitz von Status (Ansehen, Prestige) ist das ältere Kind. Das jüngere Geschwister fühlt sich somit weniger machtvoll, schaut bewundernd zum Geschwister auf und beginnt es nachzuahmen. Jüngere Geschwister akzeptieren diese Hierarchie auch häufig deshalb, weil die älteren Geschwister sich ihnen gegenüber fürsorglich zeigen.

Diese Hierarchie kann dann zu klarer Struktur und Sicherheit in der Familie führen. Besonders wichtig ist es allerdings, mit Kindern offen darüber zu sprechen, dass bestimmte Rechte eines älteren Kindes auch mit Pflichten verbunden sind. Nur so können Geschwisterkinder diese Hierarchie wirklich annehmen und im Alltag leben.

RIVALITÄT

RIVALITÄT UND KONFLIKTE IN DER GESCHWISTERBEZIEHUNG

In Geschwisterbeziehungen lernen Kinder, positive und auch negative Gefühle zu spüren.

Sie fühlen sich einander nahe und vertraut. Gleichzeitig werden die Gefühle Eifersucht, Wut und Neid ausgelöst, wodurch Konflikte und Rivalität entstehen. Jedes Kind hat das dringende Bedürfnis nach der Aufmerksamkeit und Zuneigung der Eltern, die durch ein Geschwisterchen geteilt werden müssen. Evolutionsbedingt kämpfen Kinder hier intuitiv um ihr eigenes Überleben, wodurch natürliche Rivalität und Konflikte entstehen. Kindern fehlen noch die Strategien mit Streit und Rivalität konstruktiv umzugehen. Dafür brauchen sie die Hilfe ihrer Eltern. Wenn Eltern gemeinsam mit ihren Kindern nach Lösungsmöglichkeiten suchen, lernen Kinder, Streit allein zu lösen. Dadurch kann verhindert werden, dass chronischer Geschwisterstreit und schädliche Rivalität entsteht.

KONFLIKTE

Geschwister verbringen sehr viel Zeit miteinander, wodurch es häufig zu Konflikten kommen kann. Erstgeborene fühlen sich dabei nicht selten gestört von ihren jüngeren Geschwistern, was sich durch physische und verbale Angriffe äußert. Die unterschiedlichen Wünsche der Kinder stehen sich gegenüber und können häufig nicht gleichzeitig erfüllt werden.

Kinder streiten auch, weil sie unbewusst wissen, dass sie sich nicht verlieren können. Konflikte fühlen sich unter diesen Umständen nicht bedrohlich an. Streit unter Geschwistern ist deshalb natürlich und wichtig für die soziale Entwicklung von Kindern, sofern ihre Beziehung auch von Nähe und Wärme geprägt ist. Bedeutend ist vor allem auch, dass Kinder durch ihre Eltern Strategien lernen, wie sie Streit konstruktiv lösen können.

NATÜRLICHE RIVALITÄT

Eltern erwarten von ihren Kindern häufig ganz unbewusst, dass sie ihr Geschwisterchen bedingungslos lieben und sympathisch finden. Kinder suchen sich ihr Geschwisterkind nicht aus. Es wird ihnen mehr oder weniger vor die Nase gesetzt. Dazu kommt noch, dass die elterliche Zuwendung plötzlich mit dieser Person geteilt werden muss. Rivalität äußert sich dann in Form von einem natürlichen Wettstreit um die elterliche Zuneigung.

Nicht verwunderlich und völlig natürlich sind also Gefühle wie Neid, Eifersucht, Abneigung, Aggression und Wut. Eltern dürfen die gesamte Bandbreite der Gefühle akzeptieren, die in der Geschwisterbeziehung ausgelöst werden, und ihrem Kind gegenüber Verständnis ausdrücken. Es handelt sich hier um eine natürliche Rivalität, die die Entwicklung des Kindes fördert. Kinder lernen darüber, sich von anderen abzugrenzen und für ihre Bedürfnisse einzustehen.

Gemeinsame Interessen, dasselbe Geschlecht, ein geringer Altersunterschied sowie bestimmte Charaktereigenschaften können Rivalität bedingen. Jungen erzeugen insgesamt häufiger Rivalität als Mädchen. Auch Erstgeborene empfinden häufig stärkere Rivalität als später Geborene.

Wenn sich Geschwister voneinander abgrenzen und ihre eigene Persönlichkeit entwickeln (beginnend in der mittleren Kindheit), nimmt die Rivalität ab. Die einzelnen Kinder entwickeln dann eigene Interessen, Vorlieben, Freundschaften und Hobbys und entscheiden sich in dieser Phase manchmal auch dafür, mit welchem Elternteil sie sich eher identifizieren möchten.

Im frühen Erwachsenenalter kann noch eine weitere Phase der Rivalität entstehen, wenn Kinder beispielsweise einen Beruf erlernen, der besser oder schlechter zu den Erwartungen der Eltern passt. Auch riskante Faktoren wie Kinderlosigkeit, Ehe- und Partnerschaftsprobleme, Arbeitslosigkeit auf Seiten eines Geschwisters können eine erneute Rivalität provozieren.

Wichtig ist – ähnlich wie bei Konflikten unter Geschwistern – auch hier wieder eine erfolgreiche Bewältigung der Rivalität.

Zusammenfassend können wir festhalten, dass Eltern die Rivalität der Geschwister untereinander durch ihr Verhalten stark beeinflussen können.

> ✓ **Folgende Besonderheiten kennzeichnen die Geschwisterbeziehung deshalb während des Lebenslaufs:**

- Nähe, Wärme und Zusammenhalt unter Geschwistern verändert sich im Lauf des Lebens.
- Macht und Status ist in jeder Geschwisterbeziehung ein natürliches Bedürfnis, um den eigenen Platz in der Familie zu verteidigen.
- Rivalität und Konflikte unter Geschwistern bergen Entwicklungschancen, wenn Eltern sie richtig begleiten.

3. KAPITEL – WELCHE ROLLE SPIELT DER ALTERSABSTAND?

Der Altersabstand von Geschwistern hat einen nicht zu vernachlässigenden Einfluss auf deren Beziehungen untereinander. Bisher ist allerdings noch unklar, wie und in welchem Maß der Altersunterschied die Bindung zwischen Geschwistern beeinflusst.

Viele Entwicklungspsychologen definieren einen Altersabstand von weniger als zwei Jahren als zu gering und einen Unterschied von mindestens 3 Jahren als förderlich. Kinder unter 3 Jahren stehen in einer engen Abhängigkeit zu ihren Eltern. Erst durch Schritte wie das Abgeben der Flasche und das Sauberwerden entwickeln sie sich langsam zu weniger schutzbedürftigen Wesen. Diese neu erlangte Reife und gefestigte Bindung zum Elternteil erleichtert häufig das Annehmen eines neugeborenen Geschwisters. Die Mutter hat so für das erste Kind in den ersten drei Jahren genügend Zeit und Aufmerksamkeit. Geschwister kümmern sich meist auch weitaus fürsorglicher um das Baby, umso reifer sie werden. Dies kann dann dazu führen, dass sich die älteren Geschwister erstmals in einer Betreuungs- und Beschützerrolle wiederfinden und für die jüngeren Geschwister als beratende Instanz gelten. Jüngere Geschwister lernen am Vorbild der älteren und eifern ihnen nach. Gleichzeitig erleben sich die älteren Geschwister in diesem Fall häufig selbstwirksam (sie sind überzeugt, Schwierigkeiten aus eigener Kraft erfolgreich bewältigen zu können), wodurch ihr Selbstbewusstsein gestärkt wird.

Der Vorteil eines geringeren Altersabstandes ist, dass Geschwister eine innigere Beziehung zueinander aufbauen, die allerdings auch von mehr Konflikten, Neid und Aggressivität geprägt ist. Durch den geringen Altersabstand verbringen die Geschwister viel Zeit miteinander, wodurch sich Interessensgebiete und der Entwicklungsstand ähneln können. Bei einem größeren Altersabstand führen unterschiedliche Hobbys und Freundeskreise dazu, dass sowohl Nähe als auch Konflikte reduziert werden.

Wenn der Altersabstand sehr gering ist (unter 18 Monaten), kann bereits von sogenannten Pseudozwillingen gesprochen werden. Aufgrund der mangelnden sozial-kognitiven Fähigkeiten des ersten Kindes, wird die Geburt des Geschwisters häufig noch nicht als Bedrohung wahrgenommen. Herausfordernd kann dieser geringe Altersabstand dann werden, wenn das erste Kind ein Junge ist und das zweite ein Mädchen. Da sich ein Mädchen schneller entwickelt, kann es den Jungen in seiner

Entwicklung einholen, wodurch sich der Junge unterlegen fühlt. Im umgekehrten Fall ist dieser geringe Altersabstand weniger problematisch für die Entwicklung der einzelnen Kinder. Brüder mit sehr geringem Altersabstand tragen laut Beobachtungen mehr Konkurrenzkämpfe untereinander aus als Schwestern mit gleichem Altersunterschied.

Ein Altersabstand von mehr als fünf Jahren wird von vielen Psychologen bereits mit dem Aufwachsen eines Einzelkindes verglichen. Lange Jahre hat das Erstgeborene die Aufmerksamkeit der Eltern für sich allein. Auch das jüngste Kind, das erst nach einem großen Abstand auf seine Geschwister folgt – im Volksmund „Nachzügler" genannt – wächst dann ähnlich wie ein Einzelkind auf.

Jüngere Geschwister nehmen ihre älteren Geschwister mehr als Elternfiguren und weniger als Gleichaltrige wahr, wobei ältere Geschwister unabhängig vom Altersabstand ein fürsorgliches und beschützendes Verhalten zeigen. Gleichzeitig besteht deshalb die Gefahr, dass jüngere Geschwister sich machtlos und schwach gegenüber ihren Geschwistern fühlen.

TIPPS – GERINGER ALTERSABSTAND:

- Unabhängig davon, wie groß der Altersunterschied unter Geschwistern ist, spielt das elterliche Erziehungsverhalten eine weitaus wichtigere Rolle.

- Wenn Eltern sensibel und feinfühlig mit der Rivalität unter Geschwistern mit niedrigem Altersabstand umgehen, sehe ich als Geschwisterexpertin keine Schwierigkeiten für die Entwicklung der Kinder.

- Viel wichtiger ist, dass auch die Eltern die sehr anstrengende Situation von zwei „Still- oder Wickelkindern" meistern können, da stark belastete Eltern weniger geduldig reagieren können.

- Sollte der Altersabstand bei deinen Kindern also sehr gering sein, zögere nicht, dir Unterstützung von außen zu holen, um beiden Kindern gerecht werden zu können.

- Bleibe verständnisvoll und geduldig, wenn zwischen Jungen mit geringem Altersabstand Konkurrenzkämpfe herrschen.

- Erstgeborene Jungen fühlen sich manchmal von einer kleinen Schwester mit geringem Altersabstand bedroht, da Mädchen Entwicklungsschritte schneller bewältigen. Wenn sich deine Kinder in dieser Konstellation befinden, ist es besonders wichtig sensibel mit den Gefühlen des Erstgeborenen umzugehen.

WELCHE ROLLE SPIELT DIE KONSTELLATION DER GESCHWISTER?

Die Geschlechtszusammensetzung einer Geschwisterreihe kann sich durchaus auf die Qualität der Geschwisterbeziehung auswirken. Denn auch in der heutigen Zeit werden Kinder teilweise noch rollenkonform erzogen.

Typisch weibliche und männliche Eigenschaften werden also in jeder Geschwisterreihe auch durch die Eltern beeinflusst, die beispielsweise bei Mädchen besonderen Wert auf prosoziales Verhalten legen, bei Jungen dagegen ein höheres Maß an aggressivem Verhalten akzeptieren. Sätze wie „Ein Mädchen schlägt nicht!" und ein „Indianer kennt keinen Schmerz und schon gar keine Tränen!" kommen auch in unserer modernen Welt noch über die Lippen von Eltern. Meist liegt das daran, dass die Eltern selbst in einem rollenkonformen Elternhaus aufgewachsen sind. Mädchen werden deswegen in vielen Familien häufiger als Betreuungspersonen der Geschwister hinzugezogen als Jungen. Insbesondere ältere Schwestern spenden Trost und Zuwendung und weisen insgesamt ein fürsorglicheres Verhalten auf als Brüder.

Wenn sich ältere Brüder gegenüber jüngeren Schwestern sehr dominant und reserviert zeigen, führt das im äußersten Fall sogar dazu, dass diese Haltung auf andere männliche Personen und spätere Partnerschaften übertragen werden kann. Allgemein reagieren Jungen häufiger mit Rückzugstendenzen und Mädchen eher mit anhänglichem Verhalten gegenüber Geschwistern und Eltern.

GLEICHGESCHLECHTLICHE VERSUS GEGENGESCHLECHTLICHE GESCHWISTERPAARE

Durch ihre Ähnlichkeit haben gleichgeschlechtliche Geschwisterpaare in vielen Fällen eine intensivere Geschwisterbeziehung miteinander. Interessant ist, dass gleichgeschlechtliche Geschwisterpaare häufig ganz unbewusst weniger Unterstützung von ihren Eltern bekommen als gegengeschlechtliche Paare. Dies könnte also ein Grund dafür sein, warum sich gleichgeschlechtliche Geschwister enger miteinander verbünden. Hinzu kommen allerdings auch unterschiedliche, geschlechtsspezifische Interessen, die gegengeschlechtliche Geschwister häufiger voneinander trennen. Spannend ist, dass Schwester-Brüder-Paare tatsächlich in der frühen Kindheit weniger kooperativ miteinander umgehen. Beobachtet werden konnte auch, dass sich Brüder und Schwestern ab dem 6. Lebensjahr weniger nachahmen, wohingegen gleichgeschlechtliche Geschwister noch mehr damit beginnen.

Erstgeborenen Jungen fällt es häufig schwerer, die kleine Schwester oder den kleinen Bruder liebevoll zu behandeln als umgekehrt. Mehrheitlich konnte festgestellt werden, dass Schwestern insgesamt eine engere Verbundenheit miteinander haben als Brüder. Die Rivalität unter Schwestern ist meist von Anfang an geringer. Dazu kommt, dass Schwestern häufig viel offener über ihre Gefühle sprechen. Mädchen stehen einander anscheinend tatsächlich selbst noch im Erwachsenenalter näher als Brüder.

Wer andersgeschlechtliche Geschwister hat, entwickelt dafür schon früh eine Sensibilität für das andere Geschlecht. Von Anfang an werden Wünsche und Interessen des anderen Geschlechts mit entdeckt, was ein guter Ausgangspunkt für die spätere Beziehung sein kann.

Wenn ein Geschwisterkind mit seinem Geschlecht alleine steht, sind zwei Entwicklungen möglich: Entweder identifiziert es sich völlig mit dem anderen Geschlecht und entwickelt sich entsprechend, oder es grenzt sich völlig vom anderen Geschlecht ab und verstärkt sein geschlechtstypisches Rollenverhalten extrem.

Adjektive für das weibliche Geschlecht sind dann z.B. weich, anpassungsfähig, gefühlsbetont, einfühlsam, gutmütig und emotional, und für das männliche Geschlecht dominant, hart, rational, naturwissenschaftlich und technisch interessiert.

TIPPS – WICHTIGE PUNKTE, DIE ELTERN BEACHTEN KÖNNEN:

- Geschwister mit gleichem Geschlecht erhalten manchmal von ihren Eltern unterbewusst weniger Unterstützung. Es lohnt sich hier zu reflektieren.

- Brüder tragen stärkere Konkurrenzkämpfe untereinander aus als Mädchen. Das ist natürlich und verlangt viel Geduld und einen feinfühligen Umgang mit Rivalität.

- Ältere Schwestern werden auch heute noch häufiger in die Betreuungs- und Versorgerrolle „gedrängt" als ältere Brüder. Wichtig ist, dass Kinder sich freiwillig um die kleineren Geschwister kümmern dürfen.

- Ältere Brüder haben meist ein größeres Bedürfnis nach Rückzug und einem „eigenen geschützten Reich", in dem sie nicht gestört werden möchten, als ältere Schwestern. Dieses Bedürfnis darf erfüllt werden.

- Zwei Brüder brauchen ganz besonders viel Begleitung dabei, Gefühle und Bedürfnisse zum Ausdruck zu bringen. Insbesondere dann, wenn ihnen das männliche Vorbild in der Familie dazu fehlen sollte. Mädchen dagegen sprechen auch untereinander offener über Gefühle und Bedürfnisse.

- Schwester- und Bruder-Beziehungen brauchen eine Begleitung, die frei ist von rollenkonformen Vorstellungen der Gesellschaft oder der Herkunftsfamilie der Eltern. **Beispiel:** Mädchen dürfen wütend sein und Jungen dürfen traurig sein.

WELCHE ROLLE SPIELT DIE ANZAHL DER GESCHWISTER?

Wenn die Kinderanzahl in einer Familie sehr hoch ist, beeinflussen sich Kinder in ihrer Entwicklung gegenseitig noch stärker. Die älteren Geschwister übernehmen Versorger- und Betreuungsaufgaben und entwickeln dadurch sehr früh ein ausgeprägtes Pflichtbewusstsein. Je nach Altersabstand und Geschlecht bilden sich in großen Geschwisterreihen besondere Koalitionen aus. Wenn Geschwister zu dritt sind, gibt es je nach Altersabstand und Geschlecht manchmal zwei Kinder, die eine vertrautere Verbindung zueinander haben. Bei vier Kindern sind häufig ebenso Koalitionen zwischen jeweils 2 Kindern zu beobachten. Meist entstehen diese Koalitionen dann zwischen dem ersten und dritten sowie zweiten und vierten Kind.

Je höher die Geschwisteranzahl, desto weniger Aufmerksamkeit und Zeit können Eltern für einzelne Kinder aufbringen. Kinder lernen darüber sehr früh, dass andere Menschen auch Bedürfnisse haben. So sind Kinder aus großen Geschwisterreihen häufig anpassungsfähig und unkompliziert. Dies kann sich sowohl in zwischenmenschlichen Beziehungen als auch in der Berufswelt äußern.

In Familien mit einer Anzahl von mindestens drei Kindern ist ein dominantes und überlegenes Verhalten gegenüber den jüngeren Geschwistern sehr auffällig, was durch einen geringen Altersabstand und Gleichgeschlechtlichkeit noch verstärkt wird. Konkurrenz, Konflikte und Rivalität tauchen dort dann deutlich häufiger auf als in Zwei-Kind-Familien.

Beobachtet werden konnte, dass bei hoher Geschwisteranzahl der schulische Erfolg leiden kann, da Eltern weniger Zeit für individuelle Förderung zu Hause haben.

TIPPS FÜR ELTERN MIT VIELEN KINDERN – 1:

- Achte darauf, die älteren Geschwister weniger als Versorger, sondern mehr als gleichwertige Kinder zu behandeln. So werden starke Dominanz und Machtunterschiede unter Geschwistern vermieden.

- Koalitionen unter Kindern sind nur dann eine Ressource, wenn kein Kind der Geschwisterreihe ausgeschlossen wird. Achte darauf, alle Beziehungen zu fördern, indem immer wieder ein Kind von weiteren Personen betreut wird.

- Wenn schulische Probleme auftauchen, brauchen Kinder einer großen Geschwisterreihe ganz besonders deine Unterstützung. Versuche diese durch Nachhilfe oder Ähnliches zu gewährleisten. Hierzu gibt es auch finanzielle staatliche Unterstützung, die über das zuständige Sozialbürgerhaus oder Jugendamt beantragt werden kann.

TIPPS FÜR ELTERN MIT VIELEN KINDERN – 2:

- Jedes Kind braucht dich. Achte darauf, ganz kleine Rituale zu finden, die deinen einzelnen Kindern zeigen, wie wertvoll sie für dich sind.

    - Abendrituale (auch wenn es nur jeweils 5 Minuten kuscheln sind)
    - Spaziergänge
    - Monatsritual (z.B. ein Nachmittag im Monat gehört einem Kind)

- Nimm dir bewusst Zeit für Aktivitäten in verschiedenen Geschwisterkonstellationen. So lernen alle deine Kinder, miteinander umzugehen und eine Cliquenbildung wird dadurch verhindert.

- Beziehe dein Umfeld mit ein. Paten, Freunde oder Familienmitglieder können dir dabei helfen, deinen Familienalltag zu entspannen. Auch du brauchst mal Zeit zum Durchatmen.

WELCHE ROLLE SPIELT ES, ERSTGEBORENES, MITTLERES KIND ODER NESTHÄKCHEN ZU SEIN?

Viele Geschwisterforscher sind der Meinung, dass die Stellung in der Geschwisterbeziehung mit darüber entscheidet, wie sich Kinder entwickeln. Es wurde hierbei beobachtet, dass Eltern bspw. ihre Erstgeborenen anders behandeln als ihre mittleren Kinder oder Nesthäkchen. So wurden sogar Eigenschaften entdeckt, die bei Erstgeborenen häufiger auftauchen als bei Kindern mit anderem Geburtsrang. Ebenso haben die später geborenen typische Charaktermerkmale. Ob diese Theorie in deiner Familie bestätigt wird, kannst du in diesem Kapitel überprüfen.

DAS ERSTGEBORENE KIND

Das erstgeborene Kind hat eine ganz besonders wichtige Stellung. Eltern beweisen über das erste Kind ihre Fruchtbarkeit und auch Großeltern empfinden durch ein erstes Enkelkind ein völlig freies Gefühl bedingungsloser Liebe. Das erste Kind ist deshalb in sehr enger Verbindung mit allen Erwachsenen einer Familie und hat mehr oder weniger lange alle Vorzüge eines Einzelkindes. Erstgeborene bekommen viel Aufmerksamkeit für ihre Fortschritte und identifizieren sich eher mit Erwachsenen statt mit Gleichaltrigen. Dies könnte eine Erklärung dafür sein, warum Erstgeborene häufig ihr gesamtes Leben besonders ehrgeizig und anspruchsvoll ihre Ziele verfolgen. Charaktereigenschaften von Einzelkindern und Erstgeborenen ähnlich sich deswegen nicht ohne Grund sehr häufig.

Auch viele Ängste und Unsicherheiten und der große Wunsch, alles genau richtig zu machen, begleiten Eltern in dieser Phase. Sobald dann das zweite Kind kommt, befinden sich die älteren Kinder in einer speziellen Rolle. Erstgeborene spüren, dass sich die Situation in der Familie verändert hat, und sie passen sich durch ihr Verhalten an diese Situation an. Auch wenn es nicht offensichtlich von ihnen erwartet wird, übernehmen Erstgeborene deshalb häufig die Rolle als Versorger und Lehrer. Mehr oder weniger fürsorglich kümmern sie sich um ihre kleinen Geschwisterchen und fühlen sich gebraucht und wichtig. Dies hat äußerst positive Auswirkungen auf das Selbstbewusstsein Erstgeborener, wenn sie diese Aufgaben freiwillig übernehmen dürfen.

Im Verlauf der Entwicklung der Geschwisterbeziehung zeigen die Ältesten gegenüber ihren jüngeren Geschwistern ein belehrendes, rivalisierendes, beschützendes und dominantes Verhalten. Insgesamt geben eher die älteren Geschwister den Ton an und verhalten sich in der Lehrerrolle häufig durchaus kompetent, da sie sich meist an den Entwicklungsstand der jüngeren Geschwister sensibel anpassen. Insbesondere ältere Schwestern gelten als besondere Künstler im Erklären und Betreuen.

Folgende Charaktermerkmale sind häufig bei Erstgeborenen zu beobachten:

- vernünftig
- sorgfältig
- verantwortungsbewusst
- ehrgeizig
- perfektionistisch
- dominant
- kritisch
- leistungsorientiert
- anspruchsvoll
- konservativ
- strukturiert
- fürsorglich

Viele dieser aufgeführten Stereotypen resultieren vermutlich aus der Tatsache, dass Erstgeborene sich sehr stark an ihren Eltern orientieren und messen.

TIPPS – FOLGENDE SÄTZE HELFEN DEINEM ERSTEN KIND, SEINE ROLLE NICHT ALS ZWANG ZU EMPFINDEN:

- „Hättest du Lust, deine Schwester zu füttern?"

- „Wärst du vielleicht bereit, ganz kurz auf deinen Bruder aufzupassen?"

- „Zum Glück habe ich dich. Du bist so wichtig für unsere Familie."

- Schau mal, wie deine kleine Schwester sich freut, dass du sie fütterst."

- „Heute war es ganz schwierig für dich in Situation xy. Bestimmt warst du ganz ungeduldig, weil du so lange warten musstest, bis ich Zeit hatte. Das kann ich gut verstehen."

DAS MITTLERE KIND

Sandwichkinder oder auch Mittelkinder sind alle Kinder einer Geschwisterreihe, die sich zwischen dem erstgeborenen und jüngsten Kind finden. Dieses Kind ist von Anfang an daran gewöhnt, dass es ein Geschwisterchen hat. Es fällt ihm leichter als dem Erstgeborenen die Aufmerksamkeit der Eltern zu teilen. Es profitiert von den Erfahrungen der Eltern, die im Umgang mit ihm schon viel selbstsicherer und entspannter sind. Gleichzeitig sieht das mittlere Kind sein älteres Geschwister als Vorbild und eifert ihm nach. Je nach Temperament lernt sich das mittlere Kind entweder unterzuordnen oder sich gegen dominantes Verhalten des Erstgeborenen zu wehren.

Gefährlich für die Entwicklung des mittleren Kindes kann es sein, wenn das ältere Geschwister zu herrschsüchtig wird. Dann ist zu beobachten, dass es den Sandwichkindern schwerfällt, für sich einzustehen und eigene Bedürfnisse zu äußern. Sie können durch ihre Rolle auch einige Vorzüge entwickeln, die ihnen das Leben erleichtern. Sie nehmen gleichzeitig die Rolle des älteren wie auch die des jüngeren Kindes ein. So lernen sie dabei, zu verhandeln und Kompromisse zu schließen. Durch diplomatisches Geschick suchen sie einen Weg zwischen denen, die ihnen überlegen sind, und denen, die ihnen unterlegen sind. Einerseits bekommt das mittlere Kind weniger uneingeschränkte Aufmerksamkeit von den Eltern, andererseits entsteht dadurch auch weniger Erwartungsdruck von Seiten der Eltern.

Folgende Charaktermerkmale sind häufig bei mittleren Kindern zu beobachten:

- kompromissfähig
- beziehungsfähig
- zurückhaltend
- harmoniebedürftig
- diplomatisch
- ruhig
- beliebt
- anpassungsfähig
- verhandlungsfähig
- sicherheitsbedürftig

Besondere Schwierigkeiten hat das Mittelkind nur dann, wenn das Letztgeborene extrem idealisiert wird. Dies kann passieren, wenn nach einer Geburtenfolge von Jungen ein Mädchen geboren wird oder nach einer Geburtenfolge von Mädchen ein Junge geboren wird.

Aufgrund der besonderen Position ist es ganz wichtig, das Selbstwertgefühl des mittleren Kindes im Blick zu haben und seinen Bedürfnissen spezielle Aufmerksamkeit zu schenken.

TIPPS FÜR DEN UMGANG MIT DEM MITTLEREN KIND:

- Du kannst dein zweites Kind darin bestärken, für sich einzustehen: „Kann es sein, dass du gerade ... brauchst oder möchtest? Sag deinem Bruder bitte, wie du es dir wünscht. Deine Meinung ist genauso wichtig, wie die deines Bruders. Es ist wichtig, dass ihr einen Kompromiss findet."

- Gleichzeitig ist es dann wichtig, dein älteres Kind dazu anzuhalten, sich in sein jüngeres Geschwisterchen hineinzuversetzen: „Wie würde es sich bei dir anfühlen, wenn...? Wärst du da auch traurig? Hast du eine Idee, wie ihr das beim nächsten Mal lösen könntet?"

- Dein mittleres Kind verdient auch mal deine Aufmerksamkeit ganz für sich alleine. Finde ein Ritual, das deinem mittleren Kind zeigt, wie besonders es für dich ist. Das kann z.B. ein gemeinsamer Ausflug sein. Wenn beide Elternteile diese Zeit bewusst einräumen, spürt das mittlere Kind, dass seine Wünsche wertvoll sind.

DAS JÜNGSTE KIND

Das jüngste Kind oder Nesthäkchen wird mehr von den Kindern in der Familie als von den Eltern selbst erzogen. Es identifiziert sich weniger mit Erwachsenen und viel mehr mit den älteren Geschwistern. Auch in seinem Verhalten und seinen Vorlieben orientiert es sich an den Kindern der Familie. Nicht selten sind Eltern beim letzten Kind viel entspannter und gleichzeitig weniger konsequent in ihrem Erziehungsstil. Einerseits entwickeln sich die Letztgeborenen deswegen kognitiv und emotional rasend schnell. Andererseits werden ihnen manchmal auch zu viele Steine aus dem Weg geräumt, wodurch es ihnen durchaus an Fähigkeiten wie Durchsetzungsfähigkeit, Selbstständigkeit, Selbstvertrauen, Pflichtbewusstsein und Ausdauer fehlen kann. Damit sich Nesthäkchen dadurch nicht minderwertig und abhängig fühlen, ist es besonders wichtig, ihnen etwas zuzutrauen.

Um sich von ihren Geschwistern abzugrenzen, zeigen manche Nesthäkchen rebellische, äußerst kreative oder völlig unkonventionelle Züge. Sie lernen früh, welche Verhaltensweisen auf positive Rückmeldung stoßen. Dadurch entwickeln sie oft sehr beliebte Eigenschaften.

Wichtig ist, dass sich auch das Nesthäkchen frei und selbstbewusst entwickeln kann und darin bestärkt wird, eigene Interessen zu entwickeln.

Folgende Charaktermerkmale sind häufig bei Nesthäkchen zu beobachten:

- rebellisch
- anpassungsfähig und liebenswürdig
- hilfsbereit
- empathisch
- geduldig
- unkompliziert
- unkonventionell
- phantasievoll
- gesellig
- sozial kompetent

TIPPS FÜR DEN UMGANG MIT DEM JÜNGSTEN KIND:

- Lass dein jüngstes Kind auch mal Entscheidungen selbst treffen und achte darauf, dass Schwierigkeiten nicht allzu häufig aus dem Weg geräumt werden. Das ist wichtig, damit das Nesthäkchen sich selbstwirksam erlebt und später nicht ständig auf die Hilfe anderer angewiesen ist.

- Achte darauf, das Bedürfnis nach Orientierung und Führung bei deinem jüngsten Kind zu stillen. Es profitiert zwar auch von deiner entspannten Haltung, allerdings braucht es trotzdem deine Klarheit, um sich sicher zu fühlen.

- Gib deinem Nesthäkchen die Chance, seine ganz besonderen Stärken zu entdecken. Manchmal kann dies in den Hintergrund rutschen, da sich dein jüngstes Kind stark an den Hobbys und Aktivitäten seiner Geschwister orientiert.

- Ermutige dein Nesthäkchen, Konflikte mit seinen Geschwistern auszutragen, auch wenn es körperlich unterlegen ist. Spiegle ihm seine Gefühle und Bedürfnisse und übe mit ihm in einem Rollenspiel, wie es beim nächsten Mal für sich einstehen könnte. Ein Beispiel:
„Du bist richtig wütend / traurig, weil du auch mal entscheiden wolltest, welche Kindersendung ihr schaut, stimmts? Das kann ich gut verstehen und es ist ganz wichtig, das zu sagen. Komm, wir üben, wie du das beim nächsten Mal sagen kannst." (Dies gilt übrigens auch für das mittlere Kind).

4. KAPITEL – GESCHWISTERSTREIT

Streitigkeiten unter Geschwistern können den Familienalltag sehr belasten – und doch sind sie so wichtig für die Persönlichkeitsentwicklung. Kinder haben keine Angst, ihr Geschwister zu verlieren. Deshalb werden aufgestaute negative Gefühle und unbefriedigte Bedürfnisse in der Geschwisterbeziehung am ehesten in Form von Streit ausgetragen.

Konflikte deuten auch immer darauf hin, dass sich in einer Beziehung was entwickeln bzw. verändern darf. Ein beachtliches Entwicklungspotential steckt somit im Geschwisterstreit und ebenso in der bereits beschriebenen natürlichen Rivalität.

Früher oder später arrangieren sich Geschwister nach Streitigkeiten und lernen dadurch, Lösungsstrategien zu entwickeln.

Eltern können nicht nur durch ihre Partnerschaft Kinder dabei unterstützen, konstruktive Lösungswege zu finden. Klar ist, dass eigene Erfahrungen der Herkunftsfamilie beeinflussen, wie Eltern mit Geschwisterstreit bei ihren eigenen Kindern umgehen.

Impulse zum Nachdenken:

- Gab es bei Konflikten immer einen Schuldigen und ist das bei deinen Kindern gefühlt auch so?
- Wie lösten oder lösen deine Eltern Konflikte in der Familie? Machst du das in deiner Beziehung heute ähnlich oder bewusst umgekehrt?
- Wie fühlst du dich, wenn sich deine Kinder streiten? Kannst du ein gewisses Maß an Streit ertragen oder möchtest du direkt eingreifen? Empfindest du Streitigkeiten schnell als bedrohlich?
- Gibt es ein Kind, das du eher in der „Opferrolle" bzw. „Täterrolle" siehst? Welche Gründe gibt es für diese Rollen? Ist vielleicht ein Kind so unterlegen, wie du damals in deiner Familie, weshalb du es beschützen willst?
- Wurde dir als Kind bei Konflikten mit Strafen / Konsequenzen gedroht oder gab es einfühlsame und achtsame Lösungsvorschläge, um zu einem Konsens zu kommen?
- Bist du selbst mutig genug, Konflikte mit anderen anzugehen und konstruktiv zu lösen? Siehst du selbst darin etwas Bereinigendes für dich oder gehst du Konflikten lieber aus dem Weg?

Durch die Antworten auf diese Fragen erfährst du innerlich mehr darüber, wie du Streit bei deinen Kindern wahrnimmst und wie du damit umgehst. Manchmal helfen diese Antworten schon, auch deine Verhaltensweisen positiv zu beeinflussen. Welche praktischen Tipps bei Geschwisterstreit hilfreich ist, erfährst du auf den folgenden Seiten.

TIPPS FÜR DEN UMGANG MIT GESCHWISTERSTREIT

1. Vermeide Schuldzuweisungen und Drohungen.

Wenn Eltern diese oder ähnliche Sätze zu ihren Kindern sagen, lernen sie, auch ihrem Geschwister ähnlich vorwurfsvoll zu begegnen:

✓ **Sätze, die Eltern nicht sagen sollten:**

- „Könnt ihr euch einmal vertragen?"
- „Ihr alten Streithammel!"
- „Wenn ihr euch ständig streitet, gibt es eben kein Taschengeld mehr!"
- „Entweder ihr vertragt euch, oder wir fahren nicht in den Freizeitpark!"
- „Wenn das so weitergeht, erzähle ich das heute Abend alles eurem Vater! Dann werdet ihr schon sehen, was passiert."
- „Habt ihr nichts Besseres zu tun, als zu streiten?"

✓ **Sätze, die Kinder dann von ihren Eltern lernen:**

- „Du hilfst nie bei etwas mit. Immer muss ich alles machen!"
- „Du blöde Kuh!"
- „Warum bekommt die viel mehr Taschengeld als ich?"
- „Entweder du gibst mir deine Schokolade, oder du darfst nicht mehr mitspielen!"
- „Die hat mich schon wieder geschlagen!"

2. Erwarte nicht zu viel von deinen Kindern. Kinder brauchen viel Zeit und Unterstützung, um Empathie, Vernunft und Moral zu entwickeln.

Eltern neigen dazu, ihre Kinder hinsichtlich ihres Sozialverhaltens zu überschätzen. Wenn ein Kind sich in einer bestimmten Situation bereits schon mal sozial verträglich verhalten konnte, heißt das noch lange nicht, dass das beim nächsten Mal wieder so sein wird.

- ✓ **Kinder brauchen deshalb viel Verständnis und klare Orientierung, um:**

- hören zu können, was gesagt wurde
- verstehen zu können, was gehört wurde
- damit einverstanden zu sein, was verstanden wurde

3. Hilf deinen Kindern dabei, sich nach einem Streit erst einmal zu beruhigen.

Wenn Kinder streiten, sind sie aufgebracht und häufig noch nicht in der Lage ihre Gefühle zu regulieren. Sie werden vielmehr von ihren Gefühlen überwältigt und leben diese nicht selten in Form von Geschwisterstreit aus. Das hängt damit zusammen, dass das obere Gehirn (zuständig für Vernunft, Empathie und Moral) im Kindheitsalter noch sehr unterentwickelt ist. Kindliches Verhalten wird deshalb mehr vom unteren Gehirn (Reptiliengehirn) gesteuert (z.B. Aggression, Flucht, Intuition, Überlebensdrang, Hunger, Durst).

Wenn Kinder also von ihren Gefühlen übermannt werden, brauchen sie zunächst unsere Hilfe, um sich zu beruhigen. Sie brauchen in diesen Momenten Orientierung von ihren Eltern – und nicht Vorwürfe. Kinder sehnen sich in diesen Momenten danach, dass Eltern diesen wilden Gefühlen und Impulsen ruhig standhalten und Orientierung geben, wie sie damit umgehen können. Zunächst ist es wichtig, dass beide Kinder sich verstanden fühlen, um sich beruhigen zu können.

- ✓ **So beruhigst du deine Streithähne. Spiegle direkt die Gefühle der Kinder:**

Beispiel:

- „Ihr seid beide frustriert und wütend. Wichtig ist, dass ihr euch jetzt erst einmal beruhigt. Wir finden dann gleich eine Lösung."

- ✓ **Sorge dafür, dass akute Bedürfnisse erfüllt sind:**

Beispiele:

- Essen und Trinken
- Ruhe
- Nähe und Geborgenheit
- Bewegung oder Sport
- Frische Luft und Natur

- ✓ **Warte ab, bis sich deine Kinder beruhigt haben und empfänglich dafür sind, den Konflikt zu lösen:**

Beispiele:

Den Körper spüren, um starke Gefühle zu regulieren:

- einmal um den Block rennen
- etwas Kaltes trinken
- im Zimmer etwas lesen
- sich aufs Bett legen
- ins Kissen schlagen

- ✓ **Gib deinen Kindern Hilfestellungen, damit sie herausfinden können, um was es beim Streit tatsächlich geht:**

Das Thema eines Konfliktes ist meist nur das Symptom. Solange Eltern mit den Kindern nicht über Gefühle und Bedürfnisse sprechen, wiederholen sich Streitigkeiten regelmäßig.

4. Konfliktlösegespräch – 6 hilfreiche Schritte für Eltern beim Geschwisterstreit

   ✓ **Die Situation beschreiben, nicht bewerten:**

- „Beschreibe, was ... genau gemacht hat."
- „Beschreibe, was du genau beobachtet hast."
- „Aus deiner Sicht"
- „Wenn ich dich richtig verstehe,..."

   ✓ **Gefühle äußern:**

- „Du fühlst dich..."
- „Du hast dich allein, hilflos, gefühlt."
- „Du hast dich wütend gefühlt."

   ✓ **Bedürfnis äußern:**

- „Kann es sein, dass du gerne für dich allein Musik hören magst?"
- „Fehlt dir irgendetwas, bist du deshalb so wütend geworden?"
- „Du brauchst vielleicht mal wieder etwas Zeit nur mit mir alleine, stimmt's?"
- „Könnte es sein, dass du ... brauchst?"

- ✓ **Empathie anbahnen:**

- „Kannst du vielleicht verstehen, dass sich ... so gefühlt hat?"
- „Vielleicht kennst du das auch, dass du manchmal in Ruhe etwas tun möchtest?
- „Was glaubst du, wie es ... jetzt damit geht?"
- „Was glaubst du würde deine Schwester jetzt dazu sagen?"

- ✓ **Wunsch äußern:**

- „Was würdest du dir denn beim nächsten Mal wünschen?
- „Du hast das gesagt, weil du dich so geärgert hast. Hast du es wirklich so gemeint?"
- „Was würdest du dir wünschen?"
- „Bestimmt habt ihr Ideen, was jeder beim nächsten Mal tun könnte."
- „Das hört sich für mich an, als ob..."
- „Hast du eine Idee, wie sich ... gefühlt haben könnte?"

✓ **Über Lösungen und Alternativen sprechen:**

- „Was könntest du tun, wenn du beim nächsten Mal in Ruhe Musik hören möchtest?"
- „Du hast bestimmt einen Vorschlag, wie wir das beim nächsten Mal machen könnten."
- „Was könnte eine Lösung sein, damit jeder zufrieden ist?"
- „Ich schlage vor...!"
- „Wie findet ihr, wenn...?"
- „Wir könnten beim nächsten Mal doch entweder ... oder... (Wahlmöglichkeit) geben."

WICHTIG: Widrigkeiten kann schon vorgebeugt werden:

- „Was könnte euch davon abhalten, an diese Lösung zu denken?"
- „Was könntet ihr tun, damit das nicht passiert?"

Je nach Situation und Entwicklungsphase der Kinder empfiehlt es sich, zunächst allein mit jedem Kind zu sprechen. Lösungen sollten jedoch immer gemeinsam gefunden werden, damit jeder gleichermaßen Verantwortung übernehmen möchte.

5. KAPITEL – LIEBLINGSKIND ODER SCHWARZES SCHAF?

Kinder tragen charakterliche Veranlagungen in sich. Wie sich Kinder dann wirklich entwickeln, hängt sehr stark mit der elterlichen Erziehung und allen kindlichen Erfahrungen zusammen. Dabei beeinflussen sich Familienmitglieder auch gegenseitig. Kinder können durch ihr Verhalten entweder positive oder negative Gefühle in ihren Eltern auslösen. Je nachdem, wie Charaktereigenschaften der Eltern und Kinder aufeinandertreffen, hat das also besondere Auswirkungen auf die Eltern-Kind-Beziehung und die Geschwisterbeziehung. Eltern versuchen in der Erziehung immer ihr Bestes. Unbewusst kann es trotzdem passieren, dass ungünstige Muster aus der Herkunftsfamilie auf die eigenen Kinder übertragen werden und Rivalität dadurch verstärkt wird. Eine Mutter berichtete mir in einem Interview beispielsweise: „Mein Junge bringt mich mit seiner Art jeden Tag auf die Palme. Mein Mädchen macht es mir viel leichter, geduldig und liebevoll zu sein."

Wie sich die Beziehung von Kindern in Familien entwickelt, hängt also auch stark von den elterlichen Gewohnheiten, dem elterlichen Wohlbefinden, dem familiären Klima und der Kommunikation der Eltern ab. Wenn Eltern reflektiert und kompetent mit ihren Kindern umgehen, wirkt sich das gleichzeitig positiv auf die Geschwisterbeziehung aus.

WAS IST DER UNTERSCHIED ZWISCHEN NATÜRLICHER UND UNNATÜRLICHER RIVALITÄT?

Im vorherigen Kapitel wurde die natürliche Rivalität unter Geschwistern aufgegriffen.

Wenn Rivalität durch das äußere Umfeld (Eltern, Verwandte etc.) hervorgerufen und verstärkt wird, entsteht unnatürliche Rivalität, die gefährlich für Kinder sein kann. Diesen Begriff habe ich nach meinen Forschungsarbeiten erstmals so geprägt, um natürliche Rivalität und hoch belastende Rivalität klar voneinander abzugrenzen.

Seelische Belastungen entstehen bei Kindern insbesondere dann, wenn ein Kind gegenüber seinem Geschwister von seinen Eltern dauerhaft benachteiligt wird.

Wenn Eltern (häufig unbewusst) durch ihr Verhalten die Rivalität unter Geschwistern schüren, ist sie für alle familiären Beziehungen schädlich.

Kinder, die sich benachteiligt fühlen, haben meistens ihre Gründe. Sie fühlen sich gegenüber ihrem Geschwister unterlegen und weniger angenommen. Fehlende Attraktivität, schlechtere Schulleistungen, andere Interessen und Talente als die Eltern und fehlende Angepasstheit an die familiäre Norm wurden in meinen Interviews als Grund genannt, warum Familienmitglieder sich weniger geliebt zu fühlten.

Ein Weg, wie Kinder mit dieser Zurückweisung umgehen: sich mit Feindseligkeiten gegen sein Geschwister wenden. Benachteiligte Kinder werfen dem Geschwister dann vor, sich die Liebe der Eltern manipulativ erschlichen zu haben. Sie richten sich mit Feindseligkeiten, Hass und Aggression gegen Bruder oder Schwester. „Mamas Liebling!", „Schleimer!", „Streber!", „Arschkriecher!" und „Papas Schätzchen!" sind Vorwürfe, die sogenannte Lieblingskinder von ihren Geschwistern hören.

Es ist für benachteiligte Kinder emotional leichter, die Schuld beim Geschwister zu suchen als bei den Eltern. So muss es sich nicht unterbewusst eingestehen, dass seine Eltern es tatsächlich weniger lieb haben. Viel leichter ist es deshalb, zu ertragen, dass das Geschwister sich die elterliche Liebe vermeintlich manipulativ erschlichen hat.

Viele Eltern fühlen sich einem ihrer Kinder näher, weil es ihnen ähnlicher ist, sie sich mehr mit ihm identifizieren können oder ein anderes Kind sie sehr herausfordert. Die gesellschaftliche Norm gibt allerdings vor, dass Kinder unter allen Umständen gleich behandelt und gleich geliebt werden müssen. Kein Wunder also, dass es für viele Eltern ein Tabuthema geworden ist, über solche Gefühle zu sprechen.

Eltern bemühen sich in aller Regel auch tatsächlich nach Kräften, ihre Kinder gerecht zu behandeln. Viel wichtiger ist es tatsächlich, auf Kinder individuell einzugehen, als sie „gleich" zu behandeln. Kinder können bereits ab dem Grundschulalter verstehen, ob das Verhalten der Eltern willkürlich oder nachvollziehbar / gerecht ist.

Folgende praktische Tipps können helfen einer Benachteiligung in der Familie vorzubeugen:

1. Elterliche Bedürfnisse befriedigen und elterliches Selbstwertgefühl stärken

Eltern, die gut für sich sorgen, sind besser in der Lage, auf die individuellen Bedürfnisse ihrer Kinder einzugehen. Sie reagieren feinfühliger als Eltern, die sich keine Zeit für sich nehmen. Je höher die Anzahl der Kinder ist, desto größer wird die Herausforderung, sich auch weiter um sich selbst als Frau/Mann und Paar zu kümmern. Dies setzt voraus, dass Eltern ihre eigenen Bedürfnisse kennen, wahrnehmen und befriedigen.

Das klingt zunächst sehr einfach, ist im Familienalltag jedoch nicht immer leicht umzusetzen. In Beratungsgesprächen berichten mir viele Eltern, dass sie sich seit den Kindern gestresster und unausgeglichener fühlen als zuvor. Dadurch reagieren sie schnell genervt, ungeduldig und unwirsch auf Verhaltensweisen ihrer Kinder. Sie beschreiben, dass es dann einfach so aus ihnen herausbricht.

Insbesondere Kinder, die ein herausforderndes Temperament haben, werden dann oft ermahnt, geschimpft oder bestraft.

Negative Gefühle sind ein Zeichen dafür, dass Eltern irgendetwas für sich tun sollten. Wenn du beispielsweise nächtelang nicht schlafen konntest, darfst du dir Hilfe holen und in irgendeiner Form für dich sorgen.

Wenn Eltern ihre Bedürfnisse (Bewegung, Ruhe, Unterstützung, Austausch) wahrnehmen lernen, ist es wichtig, diese auszusprechen. Darüber steigt die Wahrscheinlichkeit, dass sie mit Hilfe des Partners oder anderer Menschen erfüllt werden. Wenn es dir schwer fällt, deine Wünsche zu äußern, teile dies deinen Bezugspersonen mit, damit sie dir dabei helfen können, diese auszusprechen. Sag deinem Partner: „Mir fällt es schwer, dich um Unterstützung zu bitten. Würdest du bitte am Abend nachfragen, wie du mich noch entlasten könntest?"

Eltern dürfen es sich selbst wert sein, für sich einzustehen und konsequent für sich zu sorgen. Dadurch steigt dann auch das eigene Selbstwertgefühl, was sich positiv auf die Kinder auswirkt. Darüber vermitteln Eltern langfristig ein Familienklima, das durch Geborgenheit und Sicherheit für Kinder gekennzeichnet ist. Eltern mit niedrigem Selbstwertgefühl neigen dazu, unangebrachte Erwartungshaltungen an ihre Kinder zu haben. Wenn Kinder diese Erwartungen dann erfüllen, erhöht das kurzfristig ihren eigenen Wert.

✓ **Welche dieser Bedürfnisse sind bei dir nicht erfüllt?**

- Unterstützung im Haushalt
- Erholsame Hobbys
- Zeit für dich
- Frische Luft und Bewegung
- Gesunde Ernährung
- Pflege von Freundschaften
- Sportliche Betätigung
- Anerkennung

✓ **Folgende Risiken gehen damit einher, dass Kinder sich benachteiligt fühlen:**

- Finanzielle Schwierigkeiten
- Scheidung und Todesfall
- Emotionale Belastungen der Eltern
- Beruflicher Stress
- Eheprobleme und Streit in der Partnerschaft
- Selbstwertprobleme der Eltern
- Überlastung der Eltern

2. Erziehungsverhalten der Herkunftsfamilie reflektieren

Eltern übertragen häufig unbewusst durch die Erfahrungen in ihrer Kindheit Erziehungsmuster auf ihre Kinder. Es besteht ganz intuitiv ein Wiederholungszwang von Verhaltensweisen gegenüber Kindern. Um zu verhindern, dass negative Muster der eigenen Kindheitsgeschichte auf die eigene Familie übertragen werden, lohnt es, sich mit eigenen Erfahrungen in der Kindheit auseinanderzusetzen. So kann verhindert werden, dass negative Erfahrungen der Eltern direkt auf die eigenen Kinder übertragen werden.

Das bedeutet nicht, dass der Alltag nicht von Spontanität und Intuition geprägt sein darf. Jedoch sollte er gleichzeitig auch nicht impulsiv, stressgetrieben und unreflektiert sein sollte. Wenn ein Kind in der Familie es beispielsweise immer wieder schafft, seinen Vater zu provozieren, hat das einen Grund, der beim Vater selbst liegt. Das Kind löst zwar das negative Gefühl aus – es ist allerdings nicht die Ursache für das starke Gefühl. Wenn der Vater dies abstrahieren kann, ist er in der Lage, geduldiger und feinfühliger mit seinem Kind umzugehen. Wenn er das nicht tut, besteht die Gefahr, dass er es zurückweist, ihm Schuldgefühle macht oder es unterbewusst ablehnt.

3. Signale von Kindern deuten und auf individuelle Bedürfnisse von Kindern feinfühlig reagieren

Jedes Kind bringt sein ganz einzigartiges Temperament mit auf diese Welt. Viele Eltern haben Schwierigkeiten damit, wenn ein Kind der Geschwisterreihe völlig ungewohnte und fremde Eigenschaften in die Familie bringt.

Ein sehr extravertiertes Ehepaar braucht deshalb beispielsweise viel Geduld, wenn eines ihrer Kind sehr introvertiert und zurückhaltend ist. Eltern dürfen in diesem Fall lernen, ihr andersartiges Kind mit seiner Persönlichkeit anzunehmen. Ein Vater berichtete mir völlig ungeduldig: „Es macht mich wahnsinnig, wie lange der morgens braucht. Alle sind schon fertig und er fängt gerade mal damit an. Wie kann man nur so lahmarschig sein? Ich habe keine Ahnung von wem er das hat!"

Für ein Kind ist es sehr belastend, wenn es von den Eltern einen Erwartungsdruck spürt „anders" sein zu müssen. Jedes Kind sollte deshalb mit seinen Eigenschaften, Bedürfnissen und Gefühlen angenommen und ernst genommen werden, auch wenn das manchmal schwierig ist. Nur so können Eltern auf individuelle Signale ihrer Kinder reagieren und sie in ihrer Entwicklung unterstützen. Alle Kinder fühlen sich unter diesen Umständen geliebt und akzeptiert. Eine elterliche Benachteiligung eines Kindes wird dadurch weitaus unwahrscheinlicher.

4. Beschwerden der Kinder ernst nehmen

Nicht selten kommunizieren Kinder ihren Eltern gegenüber offen ihre gefühlte Zurückweisung: „Du bist so ungerecht!" oder „Die magst du eh viel lieber!" oder „Natürlich gibt es wieder das zu essen, was er lieber mag!". Viele Eltern mit mehreren Kindern kennen diese oder ähnliche Sätze.

Viele Eltern übergehen wiederholte Vorwürfe ihrer Kinder und begründen diese durch schwierige Entwicklungsphasen. Wenn Kinder sich in dieser Weise ausdrücken, ist es ein Signal für ein unbefriedigtes Bedürfnis. Eltern können dann mit ihren Kindern über ihre Gefühle sprechen. Wichtig ist es, diese Gefühle nicht abzutun, sondern Verständnis zu zeigen.

Beispiel:

- „Du fühlst dich gerade richtig ungerecht behandelt, oder?" Ich erkläre dir, warum ...
- „Du möchtest, dass deine Wünsche auch gesehen werden, richtig? Mir sind deine Wünsche auch sehr wichtig. Wie finden wir da eine Lösung?"
- „Du bist traurig, weil du ... möchtest. Das verstehe ich. Du bist mir ganz wichtig. Was hältst du davon, wenn ...?"

✓ **Vorschläge für die Praxis, um die Bedürfnisse der Kinder zu stillen:**

- Zeit ohne das Geschwister (gemeinsame Monatsrituale für jedes Geschwister)
- Interesse durch aktives Zuhören („Wow, da bist du richtig stolz auf dich gewesen, als du das Tor geschossen hast, oder?")
- Körperliche Zuwendung (Kuscheln, Knuddeln, spielerisches Ringen und Kämpfen)
- Gemeinsame Aktivitäten (z.B. Ausflüge, Kochen, Lesen, Spielen)
- Anerkennung und Wertschätzung („Ich sehe dich, wie du schaukelst!" „Ich bin so stolz, dass du ...", „Ich bin richtig begeistert, dass du schon ganz alleine ... kannst.")

5. Vergleiche, Eigenschaften und Rollenzuschreibungen vermeiden

Vergleichen...

Dauerhafte Vergleiche unter Geschwistern können wie eine Verurteilung wirken und Minderwertigkeitskomplexe auslösen. Besonders belastend wirken Vergleiche von sportlichen oder schulischen Leistungen. Wenn Kinder im Wettstreit miteinander stehen, beispielsweise alle Geschwister ein Bild malen, ist es die Aufgabe der Eltern, die individuellen Qualitäten jedes einzelnen Kindes herauszustellen. Wenn Eltern die individuellen Bemühungen ihrer Kinder wertschätzen, lernen Kinder ihre Begabungen kennen und entwickeln den Antrieb, sich weiterzuentwickeln. Wertschätzen heißt nicht loben, sondern ausdrücken, welche Gefühle du als Elternteil empfindest.

Beispiel:

- „Ich sehe, wie fröhlich das Gesicht des Mädchens aussieht und du hast so viele bunte Farben genutzt. Ich freue mich, dass du so viel Freude am Malen hast. Freust du dich auch?"
- „Ich sehe, eine Wiese, eine Sonne und Wasser. Das sieht ja aus wie im Urlaub. Ich bin ganz begeistert, dass ..."
  „Du bist richtig stolz auf dein Bild, oder?"
- „Ich bin ganz stolz darauf, dass du ... alleine gemacht hast. Mir ist so wichtig, dass du groß und stark wirst."

Wenn Kinder in einer Familie auf diese Weise individuelle Wertschätzung erfahren, lernen sie, auch die Erfolge ihrer Geschwister wertzuschätzen.

Eigenschaften zuschreiben

Ganz unbewusst kann es passieren, dass Eltern ihren Kindern Bezeichnungen zuteilen. „Er ist eher „der Sportliche" und sie ist eher „die Musikalische." Dieses Verhalten entsteht aus dem menschlichen Bedürfnis heraus, allem Struktur und Ordnung zu geben. Es wird in diesem Fall allerdings von den Eltern vorgegeben, welche Fähigkeiten ein Kind im Vergleich zum anderen besitzt. Problematisch wird es vor allem dann, wenn eine Eigenschaft nur einmal für ein bestimmtes Kind vergeben wird. Vielleicht möchte „die Kluge" genauso wie ihre Schwester gleichzeitig „die Witzige" sein. Kinder können durch dieses Verhalten in ihrer Entwicklung gehemmt werden und sich im Vergleich zu ihrem Geschwister abgewertet fühlen.

Interessanterweise neigen Eltern dazu, Kindern Eigenschaften zuzuschreiben, die sie selbst aus ihrer eigenen Geschwisterbeziehung kennen. „Sie ist eher „die Schüchterne", wie ich damals! Mein Bruder war immer „der Draufgänger". Manchmal führt das dazu, dass Kinder sich abgestempelt fühlen und sich z.B. gerade deswegen umso schüchterner verhalten.

Empfehlenswert ist es deshalb, mit einem offenen und nicht wertenden Blick auf die wundervollen Eigenschaften seiner Kinder zu schauen. Mit Freude können Eltern dann beobachten, welche Eigenschaften in jeder weiteren Entwicklungsphase zum Vorschein kommen und wie breit das Spektrum von kindlichen Eigenschaften ist.

Das kann ein großes Geschenk sein und vermittelt Kindern den Glaubenssatz:

- „Ich bin wertvoll, wie ich bin!"
- „Ich darf genau so sein, wie ich bin!"
- „Ich bin geliebt und angenommen!"
- „Meine Gefühle und Bedürfnisse sind in Ordnung!"

Rollen in der Familie

Kinder übernehmen in Familien bewusst und auch unbewusst bestimmte Rollen.

Eltern übertragen dabei Verantwortung an ihre Kinder, wodurch sie sich gebraucht und ernst genommen fühlen können. Ein Erstgeborener hat so beispielsweise die Rolle des Lehrers für das kleinere Geschwister und erlebt sich dadurch selbstwirksam.

Belastend sind Rollenzuschreibungen nur dann, wenn Kinder sich darin nicht wiederfinden und ihre Rolle als Stigmatisierung und Zwang erleben. Diese Zuschreibungen entstehen meist sehr unbewusst durch Kindheitserfahrungen der Eltern in der Herkunftsfamilie. Auffällig ist, dass Kinder sich mehr oder weniger gezwungen fühlen, ihren zugeteilten Rollen gerecht zu werden, um die Bedürfnisse ihrer Eltern damit zu befriedigen und der vorgegebenen Schablone gerecht zu werden. Kinder beginnen dann, sich selbst genauso zu sehen, wie ihre Eltern sie in ihrer Rolle sehen wollen.

Immer wieder zeigt sich in Familien z.B. die „Rolle des Sonnenkindes", das sehr empathisch versucht allen Erwartungen seiner Eltern gerecht zu werden. Auch bei chronischer Krankheit oder Behinderung eines Geschwisters gilt es, besonders achtsam mit Rollenzuschreibungen umzugehen. Hier passiert es nämlich leicht, dass sich die gesunden Kinder mit ihren Wünschen zurücknehmen, um die Eltern zu schonen.

Es ist es nicht verwerflich, Kindern Aufgaben und Funktionen zuzuweisen, die ihren Stärken entsprechen und die sie gerne freiwillig und mit Freude übernehmen. Eltern können auch Rollen – an die Entwicklung der Kinder angepasst – verändern.

Beispiele für positive Rollenzuschreibungen:

- Wenn ein Mädchen z.B. darin aufgeht, das Baby zu füttern und Freude daran hat, ist die Rolle der fürsorglichen Schwester für diese Entwicklungsphase durchaus förderlich.
- Wenn ein Junge riesigen Spaß daran hat, der Schwester beim Lesen zu helfen, ist die Rolle des Vorlesers für eine bestimmte Zeit sehr positiv für das Selbstwertgefühl.

6. Elterliche Erwartungen reflektieren und anpassen

Manchmal werden die eigenen Kinder unseren Erwartungen nicht gerecht. Sie gehen einen anderen Weg, wie wir uns das vorgestellt haben. Hoffnungen, die unterbewusst in Kinder gelegt werden, führen zu Enttäuschungen und Unverständnis. Falls ein Kind mit seinen Persönlichkeitsmerkmalen in der Geschwisterkonstellation in hohem Maß den Erwartungen und Wünschen der Eltern entspricht, müssen diese umso sensibler darauf achten, auch den weiteren Geschwistern dasselbe Maß an Anerkennung, Beachtung, Zuneigung und Förderung in anderen Bereichen entgegenzubringen. Dies ist vor allem dann eine herausfordernde Aufgabe, wenn man sich als Elternteil im Kind kaum wiederfindet.

✓ **Beantworte diese Fragen ganz ehrlich:**

- Gibt es Wünsche und Erwartungen, die du an deine Kinder hast? Sind diese an den Entwicklungsstand deiner Kinder angepasst oder erwartest du zu viel?
- Bist du offen für die schulische Laufbahn deines Kindes, welche für seine emotionale Entwicklung am besten ist, oder hast du einen großen Leistungsanspruch?
- Gibt es Talente deiner Kinder, denen du mehr bzw. weniger Wertschätzung entgegenbringst? Falls ja, welche sind das?
- Gibt es Wünsche und Vorstellungen, die eines deiner Kinder nicht erfüllt?

- Kann es sein, dass manche Erwartungen an deine Kinder etwas damit zu tun haben, was du selbst nicht erreicht hast?
- Gibt es Verhaltensweisen deiner Eltern, unter denen du selbst gelitten hast und die du auch bei deinen Kindern zeigst?

> ✓ **Klare Wertvorstellungen in der Familie sind sehr wichtig. Allerdings ist es von Vorteil, diese folgendermaßen zu kommunizieren:**

- „Ich möchte, dass du etwas vom Gemüse isst, damit du gesund bleibst." (Wert: Gesundheit)
- „Ich möchte, dass wir alle ehrlich miteinander sind. Ehrlichkeit ist in unserer Familie sehr wichtig."
(Wert: Ehrlichkeit)
- „Du darfst 10 Minuten i-Pad schauen. Danach ist Schluss, weil mir deine Gesundheit wichtig ist."

Erwartungen an Kinder, die nicht ihrer Persönlichkeit entsprechen, können Kindern das Gefühl geben, dass sie nicht in Ordnung sind. Sie trauen sich dann vielleicht nicht, auf ihre Bedürfnisse zu hören – aus Angst, ihre Eltern zu enttäuschen. Nicht selten ergreifen Kinder deshalb später Berufe nach Vorlieben der Eltern. Sie gehen dann z.B. in die freie Wirtschaft, obwohl sie viel erfüllter in einem sozialen oder künstlerischen Beruf wären.

✓ **Praktische Vorschläge, um eigene Erwartungen nicht unbewusst zu übertragen:**

- Beobachte dein Kind genau und achte darauf, was ihm leicht fällt.
- Für was interessiert sich dein Kind? Womit kann es sich lange und vertieft beschäftigen?
- Bei welcher Tätigkeit hat dein Kind besonders viel Freude?
- Was macht dein Kind besonders gerne freiwillig?
- Hat dein Kind die Möglichkeit, durch Hobbys und Aufgaben in der Familie auszuprobieren, wo seine Stärken liegen?

6. KAPITEL – EIN GESCHWISTERCHEN KOMMT?

Die Geburt eines kleinen Geschwisterchens ist für alle Familienmitglieder ein einschneidendes Erlebnis. Eltern haben bereits während der Schwangerschaft die Möglichkeit, ihr Kind behutsam auf die neue Situation vorzubereiten.

„Können wir das Baby wieder zurückgeben?" Diese oder ähnliche Aussagen von älteren Geschwistern nehmen sich viele Eltern sehr zu Herzen. Sie wünschen sich nichts mehr als dass ihr Kind sein Geschwisterchen liebt und annimmt, wie sie selbst. Diese Erwartung wird jedoch in zahlreichen Fällen nicht erfüllt.

Auch wenn ältere Kinder ihr Geschwisterchen gerne mögen, sehen sie in ihm gleichzeitig einen Konkurrent.

Die Beziehung zum Erstgeborenen ist nämlich etwas ganz Besonderes. Eltern spüren dabei bedingungslose Liebe, wie nie zuvor in ihrem Leben. Gleichzeitig schenken sie ihrem Kind viel Zeit und Aufmerksamkeit und wachsen mit den neuen Herausforderungen in ihre Rolle hinein.

Sobald ein kleines Geschwisterchen geboren wird, ist die Situation deswegen nur für das Erstgeborene ungewohnt und neu. Je nach Temperament und Entwicklungsphase können sich Kinder schneller oder langsamer an diese Situation gewöhnen.

In vielen Fällen freuen sich Erstgeborene zunächst über ihr Geschwisterchen und kümmern sich fürsorglich um das Baby.

Bedrohlich erscheint das neue Familienmitglied allerdings ganz besonders ab dem Zeitpunkt, wenn es mobil wird und mehr und mehr Zeit und Raum in der Familie für sich beansprucht. Dem älteren Kind wird dadurch zunehmend bewusst, dass es die elterliche Aufmerksamkeit und Zuwendung teilen muss. Es ist deshalb ganz natürlich, dass durch den Neuankömmling Verlustängste ausgelöst werden können.

Die Furcht davor, die Zuwendung der Eltern zu verlieren, äußert sich dann instinktiv in Eifersucht und Neid gegenüber dem Geschwisterkind. Vor allem erstgeborene Söhne neigen dazu, ein sehr machtgeprägtes und unterdrückendes Verhalten zu zeigen, wenn das Zweitgeborene mit geringem Altersabstand ein Mädchen ist. Der erstgeborene Junge fühlt sich von den schnelleren Entwicklungsvorgängen der Schwester ganz besonders bedroht.

Neid und Eifersucht kann sich z.B. in folgenden Verhaltensweisen äußern:

- Wutausbrüche
- In die Hose oder irgendwo anders „hinmachen"
- Schlafprobleme und Suche nach Nähe in der Nacht
- Ängstlichkeit
- Rückzugsverhalten
- Weinerlichkeit
- Imitation des jüngeren Geschwisters
- Schlagen, kratzen oder beißen

Diese Verhaltensweisen sind natürliche Signale und zeigen nur, dass Kinder ihre Eltern in dieser Situation ganz besonders brauchen und ihre Nähe vermissen. Es handelt sich dabei um Verhaltensmuster, die als Bewältigungsstrategien dienen, um die elterliche Aufmerksamkeit auf sich zu ziehen. Sie haben Angst, die Eltern zu verlieren, und versuchen durch diese Verhaltensweisen ihr Bedürfnis nach Zuneigung zu befriedigen.

Es lohnt sich deshalb, bewusst mit der Geburt eines zweiten Kindes umzugehen.

Vorbereitungen vor der Geburt des weiteren Kindes

Dein erstes Kind kann sich besser an die neue Situation gewöhnen, wenn es bereits eine grobe Vorstellung davon hat, was ein Baby braucht. Vermittle ihm deshalb eine realistische Vorstellung von einem Baby und bereite es auf die Situation vor, wenn es während der Geburt woanders betreut wird.

KONKRETE TIPPS FÜR DIE VORBEREITUNG – 1:

- Schau mit ihm gemeinsam Babyfotos an und erzähle, dass es selbst auch gewickelt, getragen, gestillt und liebevoll umsorgt wurde.

- Spiele mit deinem Kind und einer Babypuppe zukünftige Situationen nach. Sprich dabei darüber, dass das Baby nichts allein kann und viel Hilfe braucht, um ein realistisches Bild der neuen Situation aufzuzeigen.

- Schaue Bilderbücher über Geschwister an und erzähle viele Geschichten zu der Situation, die auf dein Kind zukommt (Krankenhausaufenthalt, Besuch im Krankenhaus, Betreuung des Babys etc.)

- Beziehe die Betreuungsperson (Oma, Kindermädchen) während des Krankenhausaufenthaltes bereits in viele Aktivitäten mit ein und achte darauf, dass dein Kind auch mal alleine sowie über Nacht bei ihr ist. So kann bereits eine Bindung aufgebaut werden und es fühlt sich zum Zeitpunkt der Geburt wohl und nicht abgeschoben.

KONKRETE TIPPS FÜR DIE VORBEREITUNG – 2:

- Spiele mit deinem Kind z.B. mit Playmobilfiguren nach, dass Mama an dem Tag ins Krankenhaus geht und das Baby zur Welt kommt. Besprecht genau, wo dein Großes solange sein wird, damit es sich auf die Situation einstellen kann.

- Wenn dein Erstgeborenes das Zimmer im Krankenhaus oder Geburtshaus betritt, ist es wichtig, dass die Mama „frei vom Baby" ist. So entsteht nicht direkt beim ersten Mal der Eindruck, dass Mama ab sofort „besetzt" ist. Lass zuerst dein Erstgeborenes das Baby anschauen und zu sich nehmen. Reagiere insbesondere bei der ersten Begegnung sehr feinfühlig und zeige viel Verständnis für die Reaktionen deines älteren Kindes.

- Organisiere bereits vor der Geburt eine Spielgruppe / ein anderes Hobby, damit du 1-2 Mal die Woche Zeit für dich und deine Babys hast. Vorteilhaft wäre, wenn dein Kind dort gerne allein hingeht oder von einer anderen Bezugsperson begleitet wird.

Dem ersten Kind das Gefühl geben, wichtig zu sein

Gib deinem ersten Kind das Gefühl, dass es ganz wichtig für die Familie ist und du sehr froh bist, seine Hilfe zu haben. Dein älteres Kind fühlt sich angenommen, geliebt und gesehen, wenn es verantwortungsvolle Aufgaben im Zusammenhang mit dem Baby übernehmen darf. Somit stärkst du sein Selbstwertgefühl und ermöglichst ihm, sich in seiner neuen Rolle als Ältestes stark und gebraucht zu fühlen.

- Beziehe es beim Kauf von Babysachen mit ein und frage bei Vorbereitungen für das Geschwisterchen um seine Meinung und Hilfe (je nach Alter).
- Lass dein Kind selbst entscheiden, welches Eigentum es eventuell mit dem Baby teilen möchte bzw. was es dem Baby von seinen Besitztümern geben möchte.
- Frag dein Kind, wenn das Baby da ist um Hilfe und signalisiere, dass du sehr froh bist, seine Unterstützung zu haben. „Das kann keiner hier so gut, wie du! Ich bin so froh, dass du mir hilfst!".
- Signalisiere, dass das Baby sein älteres Geschwisterchen braucht. „Oh, schau mal, wie es sich freut, weil du mit ihm spielst!" oder „Zum Glück hat das Baby dich als große Schwester, sonst wäre ihm bestimmt langweilig!"
- Unterstütze dein Erstgeborenes dabei, seine neue Rolle als großes Geschwister zu lieben (Glaubenssatz: „Du bist wichtig für uns und dein Geschwisterchen!").

Was tun, wenn Kinder grob werden?

Vielen Eltern reißt der Geduldsfaden verständlicherweise spätestens dann, wenn das ältere Kind grob mit dem Baby oder dem noch hilflosen Kleinkind umgeht. Da das Geschwisterchen in nächster Nähe und ungefährlich ist, lassen Erstgeborene ihre unbefriedigten Bedürfnisse häufig an ihren Geschwistern aus. Wenn sie sich so verhalten, haben sie noch keine andere Strategie und brauchen deine Hilfe, diese durch deine Anleitung zu lernen:

- Unterbrich das grobe Verhalten sofort sanft und gleichzeitig bestimmt!
- „Finger weg!", „Hände aus dem Gesicht!"
- Zeige Verständnis für das Gefühl (nicht für das Verhalten!)
- Zeige altersgerechte Alternativen durch Erklären (bei größeren Kindern) oder direktes Zeigen (bei größeren und kleineren Kindern) auf.

Beispiele:

- „Du möchtest mit dem Baby spielen, oder? Schau, so kannst du das machen. Dieses Spielzeug kann es schon halten oder du kannst es so streicheln. Ich zeige dir wie."
- „Du hast gerade deiner Schwester auf den Kopf geschlagen. Bist du wütend auf das Baby, weil du mit mir spielen möchtest? Das ist in Ordnung. Du kannst ins Kissen schlagen, wenn du wütend bist, und mir SAGEN, dass du spielen willst."

Rivalität unter Geschwistern akzeptieren

Alle Kinder haben DAS RECHT DARAUF, RIVALITÄT ZU SPÜREN. Geschwister haben sich nicht – wie Freunde – gesucht und gefunden, sondern sie wurden – ohne Wahlfreiheit – in dieselbe Familie hineingeboren. Sie müssen Vorlieb nehmen mit denselben Eltern, leben in derselben Wohnung, sind ständig zusammen und besitzen die gleichen oder ähnliche Dinge, was Möbel, Kleidung, Spielzeug usw. angeht. Allein aufgrund ihres Geschwisterstatus besteht und erhält sich ihre Beziehung. Je nach Temperament können sich Geschwister mehr oder weniger leiden.

Das Gefühl der Rivalität ist in Geschwisterbeziehungen wie auch in anderen menschlichen Beziehungen völlig natürlich.

Kinder brauchen für ihre gesunde emotionale Entwicklung allerdings die Bestätigung ihrer Eltern, dass alle negativen Gefühle in Ordnung sind. Sie sind abhängig vom Urteil ihrer Eltern. Umgekehrt fühlen sich Kinder schuldig, ungeliebt und abgelehnt, wenn sie beispielsweise für ihre Eifersucht gemaßregelt werden.

Sätze wie

- „Das ist doch dein Bruder. Den musst du doch liebhaben!"
- „Sei doch nicht schon wieder so eifersüchtig! Du kommst schon nicht zu kurz!"

wirken sich deshalb sehr negativ auf das Selbstwertgefühl aus. Kinder lernen nämlich dadurch, dass ihre Gefühle und damit sie selbst nicht in Ordnung sind.

So kannst du konkret reagieren, wenn deine Kinder Neid und Eifersucht zeigen:

- „Ich kann gut verstehen, dass du Mama und Papa lieber ganz für dich allein hättest. Du bist deswegen richtig wütend, stimmt's? Das Gefühl ist ok. Ich bin auch manchmal eifersüchtig auf andere."
- „Gerade bist du ganz traurig, dass ich dich nicht auch auf den Arm nehmen kann. Das kann ich so gut verstehen. Gleichzeitig kann das Baby noch nicht laufen. Was hältst du davon, wenn ich dich trage, sobald Papa zu Hause ist?"
- „Heute warst du den ganzen Tag so geduldig, als ich mich um das Baby gekümmert habe. Ich bin sehr froh, dass ich jetzt endlich mal Zeit für dich ganz alleine habe und wir kuscheln können."
- „Gerade wünscht du dir, dass das Baby nicht da ist. Du hättest gerne nur Zeit mit mir alleine, stimmt's? Das verstehe ich gut. Das ist manchmal wirklich anstrengend für dich."
- Auf die Frage: „Wen magst du lieber, Mama?" kannst du antworten: „Ich liebe euch beide über alles. Du warst zuerst da, deswegen liebe ich dich schon etwas länger über alles. ☺"
- Akzeptiere es, wenn dein Erstgeborenes Verhaltensweisen des Babys nachahmt. Dies ist nur ein Zeichen dafür, dass es gesehen werden möchte und deine Aufmerksamkeit und Zuneigung braucht. Verurteile sein Verhalten nicht, sondern reagiere liebevoll.
- „Ich sehe dich. Du willst gerade auch ein Baby sein. Ich hab' dich genau so lieb wie das Baby und knuddele dich ganz fest!"

- Achte darauf, dass die Eingewöhnung in eine Fremdbetreuung mindestens 3 Monate vor der Geburt erfolgt. So verhinderst du, dass sich dein Kind von dir abgeschoben fühlt.

Aus meiner Beratungstätigkeit weiß ich, dass viele Mamas und Papas die Rivalität unter Geschwistern als große Belastung empfinden. Das hängt auch damit zusammen, dass viele Eltern in ihrer eigenen Kindheit kein Verständnis für diese Gefühle bekommen haben.

Durch den oben beschriebenen Umgang mit diesen Gefühlen, gibst du deinen Kindern die Chance, zu lernen, mit Rivalität umzugehen. Das Schönste an Geschwistern ist nämlich, dass sie die gesamte Bandbreite von Gefühlen auslösen. Wenn sie dann durch ihre Eltern lernen dürfen, liebevoll mit diesen Emotionen umzugehen (wie oben beschrieben), ist das für die Persönlichkeitsentwicklung ein großes Geschenk.

7. KAPITEL – ZEHN HILFREICHE REGELN FÜR DEN ALLTAG MIT GESCHWISTERN

1. Geschwisterhierarchie gerecht leben

Legt feste Abläufe und Strukturen fest und sprecht offen darüber, welches Kind, in welchem Alter, welche Rechte und Pflichten hat. So wird unnötigen Alltagskonflikten und ständigen Diskussionen vorgebeugt.

Beispiele:

- Wer wird zuerst angezogen?
- Wer steigt zuerst ins Auto ein?
- Wer geht zuerst ins Bett?
- Wer kümmert sich um welche Dinge?
- Wer hat zu welchem Zeitpunkt „Mama- oder Papazeit?"

2. Geschwisterstreit als Entwicklungschance sehen

Auch wenn du Streit unter Geschwistern als anstrengend empfindest, kann dir Kapitel 4 und die 6 Schritte für den Umgang mit Geschwisterstreit helfen, besser damit umzugehen. Denke immer daran, dass deine Kinder so viele sinnvolle Entwicklungsaufgaben durch das Streiten bewältigen.

3. Rivalität unter Geschwistern akzeptieren und annehmen

Nimm die Gefühle Neid und Eifersucht bei deinen Kindern an und vermittle ihnen, dass diese völlig in Ordnung sind. Zeig ihnen durch dein Verständnis, wie man damit umgeht. Lerne auch bei dir selbst, diese Gefühle anzunehmen.

4. Achte aufmerksam auf den Kern der Persönlichkeit bei jedem Kind

Was Kindern leicht fällt, macht ihnen auch Freude. Alles, was mit Freude gemacht wird, kann auch Erfolg haben. Versuche deshalb unbedingt bei jedem Kind herauszufinden, wo seine Stärken liegen – ganz unabhängig von deinen Vorstellungen.

Beispiel:

Wenn du ein sehr begeisterter Fußballer bist und dein Sohn nicht einmal den Ball trifft, lohnt es sich auch für dich, andere Bereiche kennenzulernen ;). Sprich hier auch gerne mit den Pädagogen deiner Kinder. Diese sehen manchmal, worin eine vielleicht verborgene Vorliebe deiner Kinder liegt.

5. Finde Möglichkeiten, wie deine Kinder Gefühle zum Ausdruck bringen können

Hobbys in Sport, Musik oder Kunst schaffen einerseits einen Ausgleich und helfen Kindern andererseits, ihre Gefühle auszuleben und auszuhalten. Gib jedem Kind in deiner Familie die Möglichkeit, Gefühle „da sein" zu lassen und begleite jedes Kind dabei, bis sich Gefühle wieder beruhigt haben. „Du bist richtig wütend. Das ist in Ordnung. Du kannst im Zimmer ins Kissen schlagen. Die Hände bleiben weg von deinem Bruder."

6. Gib jedem Kind einen besonderen Platz in der Familie

Kinder wollen für die Familie unersetzlich sein. Gib ihnen durch eine bestimmte Aufgabe oder Ähnliches das Gefühl, dass du jedes einzelne Kind brauchst:

Beispiel:

- „Ich bin so froh, dass du mich immer so beim Kochen unterstützt. Das macht mir dann selbst auch viel mehr Freude."
- „Ich bin richtig begeistert, dass du jeden Tag an deinen Hasen denkst und du dich so gut um ihn kümmerst."
- „Ich bin richtig erleichtert, dass du mich beim Einkaufen unterstützt. So bin ich immer viel schneller."
- „Wenn ich dich nicht hätte, würde ich manchmal gar nicht wissen, welche Geschichte ich vorlesen soll. Zum Glück findest du immer das passende Buch."

7. Vermeide Bestrafungen/Liebesentzug, Drohungen und Belohnungen mit materiellen Gegenständen von anderen Geschwistern für erwünschtes Verhalten

Auch wenn ein Kind in der Geschwisterreihe sehr herausfordernd ist: versuche, in ruhigen Momenten klare Gespräche zu führen. Zeige Verständnis und bringe bestimmt zum Ausdruck, was dir wichtig ist. Natürliche Konsequenzen sind in Ordnung, damit dein Kind merkt, dass du es Ernst meinst. Bestrafungen und Drohungen führen jedoch nur dazu, dass dein Kind etwas aus „Angst" nicht tut oder vielleicht sogar gerade deswegen tut, weil es dich provozieren will, um (negative) Aufmerksamkeit zu bekommen.

Belohnungen führen auch dazu, dass dein Kind nicht versteht, um was es dir wirklich geht. Gleichzeitig verhinderst du dadurch, dass sich ein Kind ständig benachteiligt fühlt.

Beispiel Bestrafung/Liebesentzug:

„Ab in dein Zimmer. Ich will dich nicht mehr sehen. Komm, wenn du wieder lieb bist. Wenn du wieder ein Schimpfwort sagst, möchte ich dich nicht mehr sehen."

Beispiel Drohung:

„Wenn du noch einmal ein Schimpfwort sagst, bleibst du zu Hause"

Beispiel Belohnung:

„Wenn du keine Schimpfwörter mehr sagst, bekommst du zu Weihnachten ein Handy!"

Besser:

- „Stopp! Das kannst du ohne Schimpfwort!" (klare Grenze)
- „Du warst wütend, oder? Deswegen hast du das gesagt." (Verständnis)
- „Mir ist wichtig, dass du es freundlich sagst." (Wertevermittlung)
- „Versuche es nochmal!" „Beim nächsten Mal kannst du auch einfach sagen, was du willst."(Alternative)

8. Jedes Kind braucht Zeit allein mit Mama und Papa

Jeder Mensch möchte besonders sein. Es ist deshalb eine wunderbare Möglichkeit, sich feste Rituale einzubauen, die ein Elternteil nur mit einem Kind verbringt. Alle Beziehungen profitieren von dieser Nähe und Distanz.

9. Individuelle Freundschaften fördern

Besonders Kinder mit engem Altersabstand oder Zwillingen tut es sehr gut, wenn sie ihren eigenen Freundeskreis haben. Sie fühlen sich dadurch unabhängig von ihren Geschwistern und haben die Möglichkeit sich außerhalb der Geschwisterrollen als Person zu finden. Besonders ab der Grundschulzeit kannst du dies unterstützen. Ein schöner Nebeneffekt ist, dass sich die Geschwister so auch weniger streiten, da sie mehr Raum für sich haben.

10. Denke an dich und deine Partnerschaft

Völlig klar ist, dass du insbesondere im Baby- und Kleinkindalter sehr eingespannt bist. Versuche zumindest im Alltag immer wieder, ein paar bewusste Minuten (ohne Handy oder weitere Ablenkung!) für dich zu finden. Versuche zu lernen, um Hilfe zu bitten, damit du bald wieder ein wöchentliches Zeitfenster für dich allein hast. Die Beziehung zu dir selbst und die Beziehung zu deinem Partner beeinflusst in sehr starkem Maße die Beziehung deiner Kinder untereinander.

GESCHWISTERBEZIEHUNGEN sind eine Kraftquelle.

Für Eltern ist es eine verantwortungsvolle und zugleich wunderschöne Aufgabe, darauf zu achten, dass diese Quelle nicht versickert.

Ich wünsche allen Eltern von ganzem Herzen viel Energie, Geduld und vor allem ganz viel Freude und Liebe mit ihren Geschwisterkindern!

Dr. Martina Stotz Waldmann

Wir empfehlen weitere Handbücher von ElternLeben.de zu den Themen KITA-START, EINSCHULUNG, LIEBEVOLL GRENZEN SETZEN und ERNÄHRUNG im 1. LEBENSJAHR

Mein Kind kommt in die Kita
HANDBUCH – Für einen guten Kita-Start

Euer Kind soll in einer Krippe oder in einem Kindergarten betreut werden? Mit dieser Entscheidung beginnt ein neuer Familienabschnitt. Mütter und Väter haben viele Fragen zu diesem neuen Lebensabschnitt: Wie finde ich die passende Kita? Wie funktioniert die Eingewöhnung? Für welches pädagogische Konzept soll ich mich entscheiden? Was braucht mein Kind in der Kita? Der Eintritt in die Kita-Zeit soll Eltern und Kindern gut gelingen.

Erhältlich bei www.tredition.de / www.elternleben.de oder im Handel / ISBN 978-3-7497-3535-8 / Seitenanzahl: 76

Einschulung - HANDBUCH
Das Einschul-ABC für einen guten Schulstart

Das **Einschul-ABC** gibt dir einen Einblick in Schulthemen von **A – Z**. Einige Kapitel sind kurz und knackig und andere etwas ausführlicher. So erfahrt ihr beispielsweise unter **N – wie Noten**, ob es Noten geben sollte oder nicht, wie Kinder zu Noten stehen oder was Noten eigentlich aussagen. **Unter U – wie Unterricht** wird erklärt, wie dieser generell gestaltet wird und welche Umstellung vom Kitaalltag dies für euer Kind Dieser nützliche und praktische Wegweiser bietet euch viele Anregungen.

Erhältlich bei www.tredition.de / www.elternleben.de oder im Handel / ISBN 978-3-7497-3892-2 / Seitenanzahl: 68

LIEBEVOLL GRENZEN SETZEN – HANDBUCH
Für Eltern von Kindern zwischen 1 und 5 Jahren

Ich will aber! Brauchen Kinder Grenzen? Im Alltag sind Eltern oft hin- und hergerissen zwischen den Meinungen der Erziehungsratgeber, die unterschiedliche Ansätze vertreten. Zwischen diesen beiden Extremen: „Lass dein Kind doch machen, lass es sich frei entfalten" und „Kinder brauchen klare Strukturen und Strafe muss sein", gilt es als Eltern einen gangbaren, gesunden Weg zu finden. Dieses Handbuch bietet Orientierung und gibt Eltern praktische Tipps und Impulse an die Hand.

Erhältlich bei www.tredition.de / www.elternleben.de oder im Handel / ISBN 978-3-347-01500-5 / Seitenanzahl: 52

Neue Handbücher erscheinen demnächst im Programm von ElternLeben.de zu den Themen:

ERNÄHRUNG IM 1. LEBENSJAHR

ELTERNMITARBEIT IN DER KITA